我らネットワーク元気人

市民活動・ネットワーク論と実践

ひと・まちネット滋賀 編

発刊にあたって

ひと・まちネット滋賀（正式名「輝くひと・まちネットワーク滋賀」）は、主に滋賀県内で何らかの地域活動をしているか、またはそのことに関心を持っている個人が、互いに情報交換し激励しながらゆるやかにネットワーク化を進めてきたグループである。会員・非会員を問わず参加できるオープンな年二回の交流会、ニュースレターの発行以外、組織的に目立った活動をしてきた訳ではない。しかし、とにもかくにも平成十二年六月で、発足から丸五年を経過した。変化の激しい時代である。ここで一区切り付け、過去を振り返り、今を見つめ、未来を展望してはどうか、それには一冊の本をつくるのがよい、といったことでこの本づくりは始まった。

とはいっても会員に自由なテーマで書いてもらい、それを後で編集するといったやり方であったので、必ずしも主題を解明すべく体系的・網羅的に書かれたような書物にはなりえなかった。それでも全体として、近年急速に社会的関心が高まりつつある市民活動やネットワーク論、またそれらに関する実践報告、さらにはこれからの地域づくりに向けての提言などがちりばめられ、それなりにおもしろい書にはなったのではないかと思っている。

第一章では市民活動や人間ネットワーク、行政のあり方論などをまとめた。第二章ではひと・まちネット滋賀の発足からこれまでの経緯やネットワーク化の発想で外部と関わって成した事業、あるいは他のネットワークグループの活動報告などを扱った。第三章では地域活力をどのように生み出すかを求め、第四章では文化と地域づくりの接点を探り、第五章では今後ますます大きなテーマになるであろう環境、農文化、ビジネス、福祉、国際化などについてのレポートを集めた。なお第三章から第五章には、過去の交流会で講演をしていただいた方々の講演録を各所に収録させていただいた。第六章はひと・まちネット滋賀の五年間の総括と今後の展望について、幹事有志で行った座談会の内容を集約したものである。

いよいよ二一世紀がスタートする。本格的な地方分権の時代、地球市民の時代、市民活動・NPO、ネットワーク時代に突入する。この滋賀の地でなされているささやかな試みが、地元はもとより日本や世界各地の新たな地域形成のあり方を考えるうえで、少しでも役立てばこれほどうれしいことはない。

本書の発刊に際しては、交流会での講演者の方々に講演録原稿の掲載をご快諾いただき、たいへん感謝している。出版にあたっては、サンライズ出版の岩根順子社長にたいへんお世話になった。また表紙デザインは、ラビットハウスの高木茂子さんが快く引き受けてくださった。他にも紙面には表せない多くの方々のおかげで本書は世に出ることになった。これらの多くの方々に、心から感謝申しあげる次第である。

平成十二年九月　　　ひと・まちネット滋賀

目次

第5章　新しい時代に向けて命を育む　201

第6章　「ひと・まちネット滋賀」について思う

◆第1章◆

市民活動とネットワークについて考える

市民活動と行政のいい関係

たかしま六郷塾　谷口浩志

NPO時代の幕開け

一九九八年十二月、NPO法が施行されてから、法人として登録された団体の数は、一〇ヶ月足らずのうちに六〇〇を越え、その後も着実に増えつづけている。NPO法の制定は、全国に大きな波を巻き起こし、法人、非法人を問わず、そのさまざまな活動が、クローズアップされることになった。また、全国各地にNPOの支援センターが設立され、団体相互や行政とのネットワークを、より強めていこうという動きも盛んである。

滋賀県では、いち早く「淡海ネットワークセンター」が、県の外郭団体として設立され、県内NPO団体のコアとして、NPOの心強い支えとなっている。一九九九年九月現在、当センターのデータファイルに登録されているNPO団体の数は六一四あり、センターからの情報を通して個々に情報交換や交流をし、あるいはセンターの事業へ参加することによって、より充実した地域サービスの実現にむけて事業を進めている。そこには、生活、文化、歴史、環境、教育、福祉など、あらゆる分野の活動が見られ、今やこれらの団体を除いて地域の活性化は考えられないほど、重要な役割を担っているといってもよいだろう。

今なぜ市民活動なのか

一九七〇年代には、すでに市民活動という言葉は使われていたようだが、その背景には先進諸国の福祉行政の行き詰まりがあったといわれる。つまり、中東戦争から続くオイルショックがもたらす経済の低迷によって、政府の福祉政策が難しくなったためであろう。そこで、そうした問題に対して、民間の活力を最大限に活かし、個人や地域の責任と自覚を促したものと考えられるが、当時日本ではまだ個人レベルの活動がそれほど盛んではなく、民間という部分は企業が支えていた感があり、諸外国に比べると、一歩も二歩も遅れていたといえる。

地域においては、既に自治会など行政の下部組織とも言うべき団体や、婦人会、商工関係団体、奉仕団体なども独自の活動を続けていたが、どれもが行政との主従関係によるものであったり、あるいは行政とはまったく別のところで動いていたりと、現在いわれているような、行政と対等な立場で協働している団体は、ほとんどなかったわけである。また、社会福祉協議会など、行政から独立して社会的サービスを提供するための団体もあるが、運営そのものが独立していることが少ない。第二次大戦中に組織された隣組などは、いわゆる相互監視システムであり、戦後マッカーサー指令によって廃止されたはずであるが、地方ではいまだにそのまま行政システムとして組み入れられているケースもある。これは、最小のコミュニティとして、住みよい地域を創造する組織からは、あまりにも遠い存在である。

コミュニティというものは、行政が自治会などを通して管理するものという意識が定着していないだろうか。もともと自然に助け合いをしながら成り立ってきた地域のシステムを、行政の網の目の中で、がんじがらめにしてしまったのではないか。人として快適に暮らせる環境を、地域に取り戻すことが、まず必要なのではないだろうか。

行政が市民活動に期待するもの

今、行政が市民活動に何を期待するのかといえば、それは行政の手の届かないところを量的、質的に補完するという機能であろう。行政サービスは、ある規定に従って一律であるということが原則であり、個々の特殊事情を考慮することは難しいため、より住民に密着している団体のほうが、きめ細かな対応ができるという利点がある。災害時の緊急医療現場では、災害直後、特に二、三日間の速やかな対応が要求されるが、その時期、直ちに行政が対応することは難しい。

また、多様な行政サービスに対応できる人材を、行政内部で確保することは非常に困難であり、一定の部分はそれぞれの分野の専門家などに頼らざるを得ないということもある。加えて市民活動では、じかに地域や地域の人々と接することができるため、行政の施策に対して、より細やかなフィードバックや適切な提言ができる点があげられる。例えば、アメリカのWorld Institute on Disability（WID）という団体は、障害者が中心になって作っているシンクタンクであるが、障害者から見たさまざまなバリアに対して、行政に対して最も適切な働きかけができる団体となっている。社会の課題を、身近な視点から発掘することによって、社会的ニーズを掘り起こし、具体的解決策を提案するという点では、おおいにその働きが期待されている。

ＮＰＯが行政に期待するもの

それでは、逆にＮＰＯは、行政に対してどういう期待を持っているのかを考えてみると、まず従来のように、金は出すが口も出すというやり方ではなく、ＮＰＯへの信頼関係を前提とした助成が求められている。そのためには、ＮＰＯ側にも、信頼を得るに足る活動内容や継続性を要求されるわけだが、法人化もその一つの手がかりとなり得るのではないだろうか。それから、ＮＰＯに対応する行政の窓口が、市民活動への理解をしっかり持ち、行政サービスへの提案や意見など、ＮＰＯとしての意見をきちんと聞き取る姿勢が重要であろう。そして、これまでは、すでに行政内部で決められたことを、ただ実行するという参加のしかたがほとんどであったように思われるが、できれば施策の計画段階から、実践、評価というすべてのプロセスに対して、市民活動団体として参画をしていくことが、より具体的、実際的な住民サービスの実現につながるのではないだろうか。また、コミュニティの運営において、例えば行政は費用負担をし、住民が実際の活動を提供するというように、資金、サービス提供のどの部分をそれぞれが分担するのかを、明確にすることも大切であろう。

支援センターに期待

最近では、NPO法人への優遇税制も検討され、この不況の中、緊急雇用対策の対象としても取り沙汰されるなど、社会的にもNPOに対する期待は大きい。先にも述べたように、NPOは行政よりも市民や地域に密着した立場にあるために、より身近なレベルでの情報交換や協力体制が必要になると思われる。その情報拠点として、草津市ではすでに草津コミュニティ支援センターが立ち上げられているが、今後各市町村や広域圏などをカバーする支援センターが、それぞれの地域特性を活かして設立されていくことに期待したい。

市民と行政とのパートナーシップによる政策形成

くさつさく倶楽部　林田久充

パートナーシップ論の展開

最近、県、市、町の自治体自らが、パートナーシップ論を唱えはじめた。かつて、市民側から提起されていた時には、なかなかその風土、仕組みづくりが築けなかったが、今、まさしく大きな行政運営の転換期になりつつある。京都市や草津市でもパートナーシップ推進担当部局を設置しているが、そもそも「市民が主役」や「市民と行政のパートナーシップ」は住民自治の原則論でもあったのになぜ、今、その組織が、新たに設置されるのだろう。地方分権の動きや小さな政府論、さらには財政難等による行政サービスの見直しなどその要因は、いくつか考えられるが、従来の行財政運営の仕組みでは、地域の実態にあった的確で新たな行政サービスが提供できないだけでなく、地域の課題解決や魅力づくり、さらには、活性化といったまちのダイナミズムと住む人々の愛着や誇りといったものが育まれにくいことに気づいたのが実態ではないだろうか。そして、そのことは他ならぬ今日までの市民参画の手法に限界が見えつつあることを指している。従来の、アンケートによる意見の聞き取りや既存団体による委員会方式と事業への動員は、皮肉にもその団体の疲弊にもつながり、かつてに比べ組織の力が落ち込んでいるようにも見える。また、自治会の要望による事業でも、必ずしも、住民の合意形成が図れていない場合もあり、実施にあたって進まないといった事例も起こりつつある。このような形のまちづくりを進める限りにおいて、「人が、元気を出す」ための『まち』という生き物が動かなくなりつつある。それでは、どうすれば良いのかであるが、特効薬はない。「衆知を集める」しかないのである。行政や市民や企業が必要な制度や事業を生み出し、生きた施策として、市民の幸せにつながるよう活用されるために、そのつど知恵や労力や費用を出し合い、役割分担を決めていくことが必要になる。しかし、行政において個人やグループが、自由に政策形成の場に参画できるような確立されたシステムはまだない。

パートナーシップの原則

そこで、最近では、三重県の生活文化政策課のＮＰＯ担当や滋賀県淡海ネットワークセンターのように、システムづくりの前段として、市民活動そのものが主体的にネットワークしながら、行政との関係を創りあげられるような取り組みが展開されはじめた。よく言われる首長のリーダーシップは、その地域や行政組織の風土づくりにも発揮されることが重要である。そして、世論や時代の流れを敏感に感じながら、そのまちのビジョンをつねに市民に問いかけそのつど決断していくことである。その姿勢が、そのまま、そのまちの情報公開度につながるといっても過言でないように思われる。行政と市民のパートナーシップの原則として

①　対等の関係。
②　ビジョンの共有。
③　行政の説明責任と市民の受入姿勢。

などが考えられるが、双方の信頼関係をさらに築きあげる基本は、情報公開であろう。プライバシーの保護は言うまでもないが、多くの情報は積極的に公開されてこそ、対等な関係が創り出されるものである。そして、その公開は、決定されたものだけでなく、これから創りだされる政策形成過程において、公開と参画がなされることが重要である。

パートナーシップによる政策形成とその役割

今、事業評価制度の研究も盛んであるが、政策、事業化したものの評価もさることながら、政策立案段階でどのような議論がなされ、選択するにあたって、いくつかの代替案を比較し、

最善の方法をどのような基準で選択したのか。しなくていいサービスはないか、より良い新たなサービスの立案に対して、限られた財源の中で、需要があり、活用されるものであるのかどうかは、利用者である市民の考えが第一となる。管理面とかは、第二義的に出てくるものであり、利用者であり運営主体にもなりうる市民にかかわってもらってこそ、押付けられたサービスでなく、主体的に活用されるものだと思う。そのためには、市民も今日までのように、説明会等で市に何をしてくれるのかとか、どこまで内容をつめているのかとか責めるのでなく、ひとつの市の提案に対して、対案を示していくぐらいの感覚で応じられないかと思う。そうでないと、行政も充分詰めたものしか情報として出さなくなるし、詰めたものは変更のしようがなくなり、結果として考えがすれ違いのままになることもある。

一方、政策立案に対して、議会は、地域のコーディネーターや行政のチェックという役割があるが、行政の分業化された仕組みに対して、予算の議論にしても、市から提案されたものを充分議論するには時間的にも量的にも限界がある。さらに、提示された予算案を修正ということになると首長の不信任ともなりかねなく、三権分立の原則ながら、このような仕組みもまた、議論の必要があるのではないかと思われる。

ここで、政策形成に関して市民がパートナーシップとして積極的にグループもしくは個人の資格で、従来のような行政や議会のもつ課題を超え、参画できる可能性はないのだろうか。

① 議員の調査活動は、国、県に比べ、市、町とも調査体制が整備されていないため限界がある。このため、議員の調査活動や議員提案等を支援するグループや市民活動のネットワークができないか。

② 現在の政策立案は、担当職員のセンスに委ねられており、まちづくり条例等の整備により、立案レベルと選択過程を明らかにするため、メールによる提案や、一部の公募制だけでない市民参画を得て政策提案から実施、計画までを取り組むことができないか。

③ 立案した政策は、一旦、市民討論会などで対案も含め、より良い政策になるよう討論し、討論結果をアメリカの陪審員制度のような形で、精査を行い、具体化できないか。

今までより、手続きに時間はかかるかもしれないが、結果として質の高いサービスの提供のため、市民の多様で高度な能力とパワーが弾ける仕組みづくりを行ってこそ、政策や事業が生きてくるものではないだろうか。

市民活動からの政策提起例

ここで、草津市内の市民のパワーを実感した例を紹介したい。もちろん、私も活動する「くさつさく倶楽部」も行政とのパートナーシップでいえば

①「通りに名前をつける」

②「湖水の舟奉行芦浦観音寺の特別公開」
③「草津川の桜のライトアップ」

等があるが、草津コミュニティ支援センターに登録するグループについての動きに注目している。ここには、「NPO法人子どもネットワークセンター天気村」、「でじまむ」、「日本語サークルオリーブ」など四〇近いグループと立命館大学の学生等が活動している。三年前、私も企画にかかわった草津での「福井・滋賀・三重三県市民活動フォーラム」のスタッフとして活躍したメンバーが、その後のフォーラムで事例報告者として多数参加するとともに、今では、それぞれの活動とともに行政に提起してくるようなセンター事業の展開を見せている。

彼らの特徴は、自分の意志で活動している点であり、そのエネルギーは、なかなかのものである。特に「企画力」「発想」は新鮮で、そして理論的でもある。また、プレゼンテーション能力が高いことも、平均して言えることである。この活動などから政策や制度が生まれる可能性も高く、パートナーシップを語るとき、無視できない動きである。なかでも、センター利用の手法として始まった地域通貨「おうみ」は、ひとりひとりの持つ力を引き出し、コミュニティを強くするためのツールとして注目されている。互いの提供できるもの、提供してほしいものを「おうみ達人リスト」に登録することで、そのお礼としてセンターから地域通貨「おうみ」が発行されている。まだまだ、センター運営の手法として動いており、地域通貨としての広がりには多くの課題もあるが動いており、地域の活性化とコミュニティの形成に有効で楽しい手段にも見える。このような楽しむ発想、さらにはその展開の広がりの可能性が高いのは、市民活動だからこそ生まれてきたのかも知れない。もちろん、これらの動きが、すべて政策とつながる必要はないが、今後、草津市とこの活動がどのようなパートナーシップの形で、まちづくりの政策につながるのかどうか。そのひとつの可能性として楽しみである。このような活動を他の市民との「出会いの場」につなぎ、地域独自の政策立案への動きになっていくことこそ、行政と市民がパートナーシップで求める「まち」の方向であろう。

政策ネットワークと行政

林沼敏弘

はじめに

二一世紀を目前にして、地方政府は大きな変革を迫られている。また、本書の随所に書かれているように、多くのＮＧＯ／ＮＰＯが登場してきており、これら多様なアクターとの協働関係なしには、行政の運営は成り立たなくなってきている。このような社会において、地方政府はどのように変化すべきなのか、また、その役割は何なのかを、近年、政治・行政学において盛んに展開されている「政策ネットワーク論[1]」を用いて考察してみたい。そして、地方政府が取り組むべき政策について二つ提案する。

政策ネットワーク論

「政策ネットワーク論」とは、政策過程、つまり、政策の作成・決定・実施過程において公私のアクターが織りなす相互依存関係をネットワークの概念を用いて説明し、記述する概念である。[2] この理論の特徴としては、①強い国家を否定していること。つまり、政策の形成とりわけ実施にあたっては公私のアクターの協働作業が不可避であるということ、②考察対象を政策セクター（メゾ）・レベルに据えていること、③主として資源の相互依存関係を背景とした政策過程における組織間関係に焦点を当てていることである。[3] この理論は、地方政府レベルのさまざまな政策セクターにおいて適応可能であり、地方政府と様々なアクターが関係する政策過程を解明するには有用な理論であると考える。

前述したように、全国レベルだけでなく、滋賀県においても、多くの組織がさまざまな場面で活躍しており、一九九八年三月に成立した「特定非営利活動促進法」（ＮＰＯ法）により、法人格を取得したＮＰＯも増加している。特に環境や福祉の分野においては、まさに、この「政策ネットワーク」が観察される。

地方政府の役割

このような社会において、政策ネットワークのアクターの一つとしての地方政府の役割とはどのようなものなのだろうか。アクターの中には、情報や専門知識において、地方政府より優位に立つものも出現してきている。しかし、地方政府の政策ネットワーク内における資源的優位は少なくなったとしても、地方政府にしかできないことがある。つまり、政策ネットワークに参加するNPOなどの組織が活躍できる環境（制度）を整えること。そして、政策ネットワーク内あるいは、政策ネットワーク間にコンフリクトが生じた場合の調整、つまり、「ネットワーク管理」[4]である。ここでは前者に関連する二つの提案をしたい。

① 積極的な情報公開制度の導入

NPOなどの組織が活動する前提としては、地方政府の積極的な情報公開が必要である。都道府県においてはすでに、すべて情報公開条例が制定されており、最初の条例の見直しを始めているところもある。しかし、市町村においては、まだ制定されていないところも多い。早急に情報公開条例を制定すべきである。また、請求されれば公開するというような消極的なものではなく、アメリカの情報公開制度[5]のように、積極的に情報公開を行い、アカウンタビリティを確保すべきである。

② NPOの行政への参加制度の確立

一九九八年三月「NPO法」が成立し、同年十二月から都道府県を窓口にして法人認証に関する業務が開始された。一年を経過して一、一〇〇以上のNPOが法人格を取得している。しかし、NPOなどの団体に対する寄付金に関する免除制度の確立が残されている。

一方、地方政府レベルでNPOの活動を支え、行政に積極的に参加できる制度の確立はまだあまり整備されていない。箕面市においては、「非営利公益市民活動促進条例」を制定し、行政に参加できる制度を導入している。[6] 多くの地方政府においてもこのような制度の確立を早急にすべきである。

おわりに

最近「ガバナンス」という言葉が頻繁に使われるようになってきた。この言葉に対する的確な日本語はなく、さらに、使用する人によりその意味合いが違うが、「政府と非政府アクターとの協力・協働を通じて、合意や自発性に基づくインフォーマルな統治と自治のメカニズムをめざすものである」[7] というのが妥当な解釈であろう。つまり、公共的問題を政府だけでは解決できない社会においては、政府のみが公共の創造者ではなく、政府以外のアクターもその主体たりうるのである。地方政府、職員、そして市民も今までのGovernmentのイメージから早く抜け出す必要がある。[8]

(1) 参照　Marin & R. Mayntz (eds.), Policy-Networks, 1991 ; R. A. W. Rhodes&D. Marsh (eds.), Policy-networks in British government, 1992, chap. 1 ; R. A. W. Rhodes, Understanding governance, 1997, chap. 2. 邦語文献として、新川敏光「政策ネットワーク論の射程」季刊行政管理研究59号（１９９２年）P12-19、小池治「政策ネットワークと政府間関係」中央大学社会科学研究所研究報告『政府大系の研究』（中央大学社会科学研究所、１９９５年）P27-46、木原佳奈子「政策ネットワーク

の分析枠組み」アドミニストレーション2巻3号Ｐ１–37、原田久「レナーテ・マインツの『政策ネットワーク』論」日本行政学会編『年報行政研究31　分権改革—その特質と課題—』（ぎょうせい、１９９６年）Ｐ147–162、原田久「政策・制度・管理—政策ネットワーク論の複眼的考察—」季刊行政管理研究81号（１９９８年）Ｐ23–30。

(2) 木原佳奈子、前掲Ｐ１。

(3) 原田久、前掲Ｐ24。

(4) ネットワーク管理の必要性については、真山達志「政策実施過程とネットワーク管理」法学新報100号１９９４年を参照。また、ネットワークマネジメントについては、W. J. M. Kickert, E. H. Klijn, J. F. M. Koppenjan (eds.) Managing Complex Networks, 1997.を参照。

(5) 参照　宇賀克也『アメリカの情報公開』良書普及会１９９８年。

(6) この箕面市の条例については、第13回自治体学会岡山倉敷大会Ⅲ–１分科会における直田春夫氏の発表による。

(7) 毛利聡子「環境分野におけるガバナンスとＮＧＯ」KEIO SFC REVIEW No.2 1998年Ｐ115。

(8) この表現は、同志社大学真山達志教授と同大学大学院総合政策科学研究科博士課程（後期課程）に在籍する四人（藤井功、正木卓、戸政佳昭、林沼敏弘）との共同研究における議論途中のものである。

市民活動としてのタウンマネジメント

特定非営利活動法人　新開地まちづくりNPO
古田篤司

はじめに

「商店街はまちの顔だ！」。いわゆる「中心市街地活性化」の問題に触れるときによく聞く言葉だ。しかし、大方の市民は「そんな立派な魅力がどこにある？」と思っている。そんなことをよそに、一九九八年に制定されたいわゆる「中心市街地活性化法（以下、活性化法）」に対して、「活性化に乗り遅れまい」と騒ぎたった当事者たちも少なくない。筆者は神戸・新開地地区で特定非営利活動法人の専従職員としてこの問題に携わっている「当事者」の一人である。本稿では、「活性化とは何か」を再考しつつ、それに不可欠とされるいわゆる「タウンマネジメント」と活発になっている「市民活動」の接点を考えたい。

「活性化法」と中心市街地活性化

まず、「活性化法」はこの問題をどう捉えているのであろうか。法律では、一定の商業集積のある「中心市街地」で、面的な整備や公共施設の整備などによる「市街地の整備」と新たな商業店舗や都市型新産業の創出による「商業等の活性化」を行うことが狙いとされる。

一方、法律を受けた基本方針の内容から、施策実施の上で大切とされる視点を要約すれば、①「機能集積で市民や企業の交流の場を拡大」②「高齢者や障害者、子育てにやさしい環境づくり」③「機能集積で新しいビジネスチャンスを生み出す」④「環境負荷の小さい都市構造への再編」といったところである。時代の流れを捉えていて、面白いものではある。

ところが、具体的な施策は、その事業推進の枠組みが以下の3点に集約される。少々乱暴な括りだが、①地方公共団体・準公共団体が行う施策・事業への支援、②行政の影響力が強い組織が行う再開発や中小小売商業の高度化事業への支援、③事業を行う①と②の団体そのものに対する優遇措置、ということだろう。中身を詳しく述べる紙面はないが、特定団体への手厚い補助と特例措置で政策課題を乗り切ろうという手法に、なんとなく心配になってしまう。

「活性化」とは何か

そもそも多くの人が、「なぜ商店街に多額の税金が使われるのか?」と思っている。ここで大切なのは、「活性化」とは何か、という視点であろう。これまで中心市街地の活性化とは、端的に言って「商店街が賑やかになり、商店・商店街が儲かること」を意味していた。

これをよしとするのは「商店街は地域の代表的な空間であり、その地域の文化や活動を支えているのは商店主である。」ことが理由だった。そのような地域も確かにあるが、地縁のコミュニティが脆弱になっていく中で、「てこ入れ」の正当性を失いつつある。

これに対し、市民の立場で中心市街地の「活性化」を考えるなら、例えば便利な場所に良好な居住環境がある、歴史や文化が感じられる、交流・文化創造の場所となりうる、といった別の視点がある。このことから、「中心市街地の活性化」は「まちに関わる組織や団体、店舗や個人の自己実現ができる空間づくり」と言えるのではないだろうか。言いかえれば、商業活性化に加えて、生きがいづくりや市民活動のような「テーマ型コミュニティ」づくりが公益性の視点からは大切で、ここに中心市街地と市民活動の接点がある。先に記述した「活性化法」の方針に見られる視点もこの考え方に立てば「こじつけ」にはならない。無論、これには中心市街地が何らかの意味で「魅力的」であることが前提で、うまく提示できないと新しい動きは期待できない。

タウンマネジメントと市民活動組織

ここで肝心なのは、いわゆる「タウンマネジメント」の手法である。「活性化法」では、タウンマネジメントを推進する組織＝ＴＭＯを「中心市街地の商業地全体をひとつのショッピングモールと見たて、事業の計画・実施と市街地全体の管理・運営を行う組織」と捉えている。実務者としては、その実現は絶望的だと言いたい。まちなかの現実はそんな「固い管理」を許さないからである。そもそも、構造的にダウンサイジングの進む多くの商店街を舞台にして、法による手厚い補助があったとしても、テナントミックスや共同事業を長く維持することなど不可能だろう。

これに対し、市民活動団体と中心市街地が連携することが、「活性化」に一役買うこともある。筆者が勤務する神戸・新開地地区は、かつて神戸文化を担った「中心市街地」である。目を覆うばかりの衰退に対して、地域の商業者・住民、行政が協力し合い、十五年かけて再開発や街区の環境整備に取り組んできた。その取り組みが一段落し、商店街と自治会が母体となり、「特定非営利活動法人・新開地まちづくりＮＰＯ」が設立された。地区の活性化を模索する「ＴＭＯ志向」の民間組織である。この組織のタウンマネジメントとは、商業面の「立地誘導」と「テーマ型コミュニティづくり」を両立することである。初年度事業で、駅前に取得した床の賃貸をその第一歩と位置づけた。一階に商業面での「アンテナショップ」となる飲食店を誘致、二階・三階を市民活動団体や芸術・文化活動団体への貸スペース（会議・練習など）としている。これらは単なる「不動産賃貸」ではない。前者は商業地に必要といわれている「五％のわざわざ店（購買を目的にわざわざお客が来る特定の店）」づくりと地域に不可欠な店舗誘致の第一歩である。後者は、活動拠点として施設を使う市民活動団体とまちなかで行うソフト事業で連携を取るための仕掛けである。情報発信力を持ち、特定分野でのノウハウを持っている組織・団体と中心市街地の「持っている資源の交換」を行う。その結果、双方にとって意味ある広報・イベントなどのソフトな事業が生まれつつある。「魅力あるまち」であることを浸透させながら、空店舗の問題にも取り組む、これに市民活動のネットワークが活かされる。ある意味実験だが、「活性化」へのひとつの手法になるだろう。

おわりに

中心市街地の活性化は、「商業政策」から「地域政策」へ確実にシフトしている。商業者も「自分達だけで考えても無理がある。」と思い始めている。そこで商業者の意向も踏まえながら、市民の立場でこの問題を考えることも重要になっている。この意味で、タウンマネージャーとなる人は、行政・商業者から「独立した存在」であることも必要になるだろう。活性化法の制度枠組みはまちの構造を変える上で大切なことだが、タウンマネジメントを制度先行で捉えることはない。行政は民間版ＴＭＯなどに対して、「市民活動とのネットワーク」という視点からも、実情を踏まえた支援のあり方と、「事業委託・協働型事業」のあり方を意識する必要があるのではないだろうか。

「人間ネットワーク」について考える

ひと・まちネット滋賀代表幹事　織田直文

人間ネットワークの特性

ここで扱うのは、人と人のネットワークである『人間ネットワーク』についてである。その成立のためには、「個々人の生き方の『主体性』」と「他とつながりたいとする『欲求』」、最後に「個々を結びつける『手段』」の三つがリンクしなければならない。「ひと・まちネット滋賀」は個々の『主体性』とつながり『欲求』からスタートしている。多くのネットワーク論は、情報伝達手段のめざましい発達に着目した情報ネットワーク論となっており、その側面も尊重すべきだが、我々は「人間の主体性」をより重要視し、だから「情報ネットワーク」ではなく、『人間ネットワーク』を扱いたいのである。伝達手段は手紙だろうが、電話やファクシミリ、電子メール、直接対話だろうが多様でよいのである。

人間ネットワークと人脈とは明かに違う。人脈はかなり密度の濃い利を伴うたいていは縦の人間関係で、おうおうにして支配・被支配関係を伴いながら、ツリー状に形成される。これに対して人間ネットワークの人間関係は水平対等で、直接的な利害はなく、支配・被支配の関係も無いまま横に無限大に広がっていく。ネットワークは、本人を中心に考えれば、あらゆる他人に平等につながるのだ。これまでの経済・社会が大きく変動し、市民活動、NPO時代を迎え、自立した個性的な市民が育ち、種々の活動を欲する時代が、そしてなるほど情報伝達手段も格段に発達した今、人々は人脈ではなく、人間主体のネットワークを希求しだしているのである。

ネットワークとネットワーク組織は違う。ネットワークは個々人、個々の活動グループが単に他とつながることである。ネットワーク組織は、ある条件のもとでひとつのネットワーク社会を形成することであるから、絶えず質・量の変動と拡大はあるものの、やはり一定のまとまりという縛りを課すことになる。もちろんネットワーク組織も多様に存在するわけで、だったら、本来人間ネットワークに「組織」などは不要で、皆が勝手にネットワークしていればそれでいいではないかと主張する人もいる。だが、私は両方あってよいと考える。

ネットワーク組織の意義

人間ネットワーク組織を形成することの意義、効果について、以下に六点あげてみよう。

まず第一点は、相互の存在確認・激励がある。同じことを思い、同じことをしている仲間の発見もあろうし、新しい出会いを求めるとか、素晴らしい生きざまの他人から刺激を受け、自分の生きざまを鍛えたりできるしくみである。個々の情報ではなく、全人格的な人間発見の場なのである。もちろん他にも機会はいろいろあろうが、自覚し、自立した社会構成員として生きるという意味での市民として存在していることを強く意識させてくれる場を、ネットワーク組織は提供してくれるのだ。

二点目に信頼性の高い密度の濃い、情報・ノウハウ交流が可能ということである。情報化社会だから、いくらでも情報は得られる。しかし、人間や組織が苦労して獲得した知恵やノウハウなどは、簡単には手に入れられない。人間としての強い信頼関係を基にするからこそ本当の情報が得られることが多い。しかもこのことは構成メンバーが多く、広がりがあれば、なおよいのである。

三点目に、ネットワーク組織が個々を助けるということがある。今のところまだ市民社会や多くの市民活動は芽で、ひ弱で小さい。風が吹けば、雨が降れば流れてしまうという面もある。そのときに、ネットワーク組織でメンバーに瞬時に情報を流したり、拍手を送ってやるとかだけでも違う。もちろん組織に力があれば個々の活動支援をすることも可能だ。

四点目に、個々人やグループの活動目的や内容に刺激を与え、視野を広げさせたり、活動を変化させたりする。市民活動をしている人々は皆強い「使命＝ミッション」を持っており、そのこと自体はすばらしいのだが、それゆえに（自分たちが考え、成す事は絶対正しい）と思いこみ、まれに他への配慮を欠く恐れがある。ネットワーク組織での交流を通じ、忌憚の無い批判や評価・提案のし合いでより視野が広がり、自分たちの活動をよりよい方向へ変化させていくきっかけが得られる。

五点目に、ネットワーク組織を通じ、新しい社会が見えてくるということがある。例えば環境問題に取り組む先端の活動のいくつかに、組織を通じて頻繁に接していれば、その分野の素人にもかなりのものが見えてくる。そのようなことが、文化や福祉、環境、経済、教育、まちづくりなどあらゆるジャンルでなされ、最後にこれらを総称して、今の時代、これからの社会が見通せるということである。単なるネットワークでも感じることはできても、やはり組織化すれば、より体系的・効率的に把握できるようになる。別稿で紹介する福井・滋賀・三重三県市民活動フォーラムは、この点をイベントを通して端的に示してくれた。

六点目に地域とか地球的課題の明確化とその対応策の模索がある。こうした課題解決を行政のみに任せておけばよいという時代は去り、市民や企業等も行政と共にパートナーシップの精神で解決に当たるべきだというのが常識化するなかで、個々人や個々のグループの取り組みはもちろんのこと、互いにネットワーク組織化することで、一層パワフルに解決に当たたれるのである。

ネットワーク組織形成の五原則

最後にネットワーク組織の形成と運営に向けての五つの原則をあげてみよう。

第一が、「自由の原則」である。誰といつネットワークするかということに対しては、他からは不可侵でなければならない。ただし、互いのマナーは守りあう必要はあろう。またネットワーク組織でいえば、入退会自由の組織が理想である。ただし、一歩間違えると逆に怖い。特殊なある種の目的を持って大挙して押し寄せられたら、いつ乗っ取られるかわからない脆さをもつということで、そのカバーをどうするかは課題となる。

二番目が「水平・平等の原則」である。人間ネットワーク組織の根元だといえる。「ひと・まちネット滋賀」の場合、当初一部に（代表を置くな）（会員リストさえあればよい。事務局不要）との声もあったが、悲しいかな組織とした途端、やはり必要最小限の事務や企画・運営のためには事務局は必要で、代表や世話役がいないと現実は機能しないので、最低限の体制づくりはやむをえないが、思想としての原則は貫いている。

三番目が「自己責任原則」である。行政や企業等からの支援を受けたり、協働の取り組みはあろうが、あくまで市民が主体で市民が責任を負うという原則を貫かなければならない。

四番目が「発意・創意工夫の原則」である。自分たちから湧き出てくるものをエネルギーにし、単なる思いだけではだめで、不断の創意工夫に努め、実際に行動し続けなければならない。

五番目にNGO・NPO的世界であることから、当然「非政治・非政府・非行政・非利益の原則」である。だが決して反〇〇ではない。公共性ある事業をということでは行政と同質のものを有し、また非営利といっても経済ゼロということではなく、活動のための必要経費は会費であれ、寄付や補助金、また一定条件下で適正な処理がなされる事業収入などであれ資金確保は必要である。

ともかく、新しい時代を切り拓く社会的な試みとして、人間ネットワークのあり方が今、問われている。滋賀の地でこれからどのように取り組み、花開くか、二十一世紀初頭のおおいなる関心事として、注目していただきたいものである。

淡海ネットワークセンター設立の経緯

㈶びわ湖ホール副理事長　上原恵美

二十世紀最後の四半世紀の滋賀県は、様々な意味で大きな変貌を遂げた。農業県から全国一、第二次産業比率が高い工業県に変わり、それにともない「一人当たり県民所得」が全国第五位とか三位といった高水準になった。大学の数が少なく大学生の人数も全国最下位レベルという状況から脱出し、図書館、美術館、博物館、ホールといった文化施設の整備も進んできた。なかでも、琵琶湖を抱える滋賀県は、環境問題に早くから取り組み、環境先進県、あるいは、熱心県といわれるようになった。

草の根県政の意義

一九七七年、初めて琵琶湖に赤潮が発生し、県では行政、県民あげて、危機感を抱き、この問題は「県民一人一人の生き様」と深く関わるものとして、解決の方策をともに探っていくことが不可欠という認識が浸透していった。その結果生まれたのが、リンをふくむ合成洗剤の使用を禁止する内容を持つ「琵琶湖富栄養化防止条例」（一九八〇年施行）であった。この条例は、法律を超える禁止措置を伴うとして「憲法違反」であるとする合成洗剤メーカーの反対の中で、県議会挙げて成立をさせた画期的なものであった。

この問題に象徴されるように住み良い地域社会を作るためには、市民と行政が手を携えていくことが不可欠であるという認識のもと、当時の武村知事は、「草の根県政」を提唱した。その主旨は、「草の根民主主義に基づく県政」というもので、自治会単位で整備する集会施設「草の根ハウス」や小さな運動場「草の根広場」など地域住民が力を合わせて自分たちの手で行う事業に県が補助をするという施策を次々と展開していった。なかには「小さな世界都市モデル事業」という名称で、世界に通用する施設を作る場合に県が市町村に五千万円を補助するという制度もあった。

また、変わりつつある風景を大切にしたいという趣旨で、「滋賀の風景を守り育てる条例」が施行（一九八五年）され、このなかでも近隣景観形成地区協定を結んで、自分たちの住む地域の風景は自分たちの手でつくっていくという手法が取り入れられた。

このような政策手法は、反対運動一辺倒の運動から、自治の原点とでもいうべき提案を含んだ実践型市民運動への転換点とも重なり、多くの成果を生んでいった。一九八七年十一月には二五万人が重度障害者の施設建設のための寄付一人千円を参加費として払って琵琶湖の周りで手をつなぐ「抱きしめてＢＩＷＡＫＯ」というイベントが、ネットワーク型の市民活動に依拠した形で成功した。これは、上記のような時代の流れとそれに呼応した政策展開の成果といってもいいであろう。

新しい淡海文化の創造に向けて―取り組みのはじまり

武村県政を引き継いだ稲葉知事は、誕生一年目にこの「抱きしめてＢＩＷＡＫＯ」の成功を見たのであるが、八八年には、竹下内閣の下で地方自治の強化への布石ともいうべき「ふるさと創生一億円事業」が展開されるなど、時代はさらに大きく市民自治に依拠した施策展開へと転換していった。この様な時代背景のもと稲葉知事は、八九年十二月滋賀県議会で「水なくして文化なし―自然と人間のよりよい関係を打ち立てよう」と「琵琶湖ルネッサンス―新しい淡海文化の創造」を提唱し、続く九〇年一月の仕事始めの挨拶で「水や自然とともに生きた先人が築いた風土、文化を、物、金万能の風潮の現在に呼び起こし、心を取り戻す意識改革―新しい淡海文化の創造―を県の志として世に問う」ことを表明した。これを受けて九〇年、九一年の二年間にわたり、吉良竜夫滋賀県琵琶湖研究所所長（当時）を座長に県内外有識者による『淡海文化を考える懇話会』が八回開かれ、九二年三月に最終報告「新しい淡海文化の創造―先人の心を未来へ」が公表された。

報告書は、〈自然とひととの共生を常に意識しながら、また、この近江の国の風土がつちかってきた自律性、国際性、進取の気性などの県民の気風を活かしながら、住みやすく、活力にも満ちた生活環境を整え、次の世代に贈ること。そして、そのような日々の生活と意識が「志」や「文化」とよべるような方向性と独自性をもち、全国や世界に対する発信力をそなえること。それが、われわれのめざす「淡海文化」である〉とし、〈淡海文化創造の主役は、ひとりひとりの県民である〉としている。

九二年四月には県庁内に「滋賀県文化政策会議」が設置され、県の施策や、県民・企業などへの働きかけなどについて検討を開始、職員研修をはじめ、職員提案募集、県政世論調査の実施、フォーラムの開催など「提言」の実現に向けて取り組みが開始された。「文化政策会議」は、九四年三月には『懇話会』の最終報告に沿った「新しい淡海文化の創造に向けた県行政推進の基本方針」を策定した。

新しい淡海文化の創造に向けた推進方策

九三年四月には、総合的な推進を図るため、知事直属に「淡海文化推進室」を設置、七月には指針のための意見、提言をもらうため『懇話会』の座長であった吉良竜夫氏を座長に県内各層の委員から成る『淡海文化推進懇談会』が設置され、県民と行政がともに取り組む手法などについて検討を開始した。一方、推進室は九三、九四年度の二か年にわたり、県内各地で淡海文化交流会を七回開催した。交流会では、環境、福祉、国際交流、文化活動、まちづくりなど、様々な分野で自主的な活動を展開しているグループが参加して自らの活動を紹介するとともに、県内のほかの活動を知って互いに触発されるという場面も多くあった。

『懇談会』は、九三年七月から九回の会議を開き、具体的な提案をしていくとともに、交流会にも出席して、その成果を盛り込んだ報告書「新しい淡海文化の創造に向けた県民と行政がともに取り組むための推進方策について」を九四年一月に策定した。

推進室では、その提案を具体化する作業を『懇談会』の開催と平行して進めていった。九四年度には、市町村に対して「新しい淡海文化の創造に向けて」の取り組みを進めるための調査や研究のための費用として百万円を補助するとともに、淡海文化推進事業について三千万円の補助制度（九四年度から三か年間の時限）を設けた。この事業によって市町村でも淡海文化への理解や取り組みが進んでいった。

九六年度には『滋賀の自然と人を語る——新しい淡海文化の創造をめざして』が出版され、淡海文化推進事業の理念が語られた。

（仮称）淡海文化推進サポートセンターの設立にむけての提言

九五年一月に策定された『懇談会』の報告書は、「新しい淡海文化の創造を推進していくためには、まず、県が、その取り組みの基本的な方向を提案し、県民が主役として活躍できる舞台づくりを担っていく必要がある。そして、一人ひとりの県民やグループ・団体・企業・市町村などが、滋賀の志を共有し、互いの協力と話し合いのもとで、それぞれの取り組みを進めていくことが必要である。つまり県民と行政がそれぞれ主体的に行動しつつ、良きパートナーシップを築くことが大切なのである」という基本認識から、県が主体となって取り組むもの、県民が主体となって取り組むもの、県民と行政がともに取り組むものという三つの主体別の提案をしている。その中で県が取り組むものとしては「情報の提供や人的支援、施設や設備面での支援などにより県民活動を支えるしくみの一つとして、県が主体となって（仮称）淡海文化推進サポートセンターを設立する」ことをあげている。これが現在の淡海ネットワークセンターとなるのである。報告書の「結び」で次のように述べている。長くなるが、この部分が、本文中に提案されている「しくみ」に深くかかわるものであるので引用して紹介する。

「この懇談会と並行して、二年にわたり開催された『淡海文化交流会』には、われわれも参加し、次のようなことを感じとった。それは、各分野からこの会合に集まった人々の多くが、滋賀の地に対し愛情を持ち滋賀を誇りに思っていること、また、愛情を持っているからこそ時に辛口の批判に託して滋賀を語っているということである。滋賀にかかわり、こだわっていこうとするエネルギーの発見である。」「『新しい淡海文化の創造』は、県民一人ひとりを主役とした未来に価値ある地域づくりやまちづくりへの取り組みである。県民の知恵と力の積み重なりが、何年、何十年という時を経て、やがて文化と呼べるような厚みのあるものとなっていくだろうと期待しているのである。自分の生活や地域の将来にしっかりした意識を持った人が増え、交流を図り、刺激しあい、それによって、さらに意識が高まり行動する人が増えていく。そんな積み重ねが何よりも大切である。」

淡海ネットワークセンターの設立

この報告書を受けて九五年度には、サポートセンター設立のための調査研究を㈶滋賀総合研究所に委託し、様々な分野で活躍している団体やグループへのアンケート調査、主だった団体、企業、行政機関、大学、研究機関などへのヒアリング調査、先行していたかながわ県民活動サポートセンターなどの事例研究などを内容とする報告書が作成された。九六年度には、学識経験者、実践リーダーをメンバーとする会議での検討を経て、九七年度に現在の淡海ネットワークセンターが設立されるに至ったのである。ここに至るまでの間に、センターの名称がサポートセンターからネットワークセンターに変更されているが、これは、市民活動の成熟度、行政側の理解度の進化を示すものであろう。

滋賀の市民活動とネットワーク

淡海ネットワークセンター　阿部圭宏

市民活動・ＮＰＯの台頭

阪神・淡路大震災が起こった一九九五年はよくボランティア元年と言われる。大震災自体は、大変不幸な出来事だったが、二〇〇万人とも言われるボランティアの活躍や多額の義援金が全国から集まった。大震災をきっかけに市民活動やＮＰＯ（民間非営利組織）についての認識が深まったと言えよう。

明治以降の日本社会は、政府・行政（第一セクター）と企業（第二セクター）が車の両輪となって引っ張ってきたが、最近の行政システムや企業システムを引用するまでもなく、こうした日本型システムが制度疲労を起こし、第三セクターと呼ばれる民間非営利のセクターが注目を浴びてきた。この第三セクターの中心的な担い手がＮＰＯである。

日本には、第三セクターが社会的に位置づけられることがなく、「公益」は官の独占で、民間非営利の公益活動は、民法で許可される公益法人制度しかなく、草の根の市民団体はそのほとんどが任意団体のまま活動しているというのが現状であった。しかし、大震災をきっかけに、政府や政党の間で、市民団体にも簡単に法人格が取得できる仕組みづくり（いわゆる「ＮＰＯ法」）が議論されるようになった。今でこそ、ＮＰＯという言葉自体が市民権を得るようになったが、大震災が起こり、ＮＰＯ法が議論され始めた一九九五年当時は、全国的にも市民活動やＮＰＯに対する社会的な理解も得られていない状況であり、まして滋賀県内ではＮＰＯという言葉さえもほとんど知られていなかった。

ＮＰＯ法に関しては、紆余曲折を経ながらも、市民団体の強力な動きも味方して、一九九八年三月に「特定非営利活動促進法」として成立し、同年十二月一日から施行された。法人格の有無は市民団体の力量、信用、認知度とは必ずしも一致しないが、すでに二〇〇〇年六月一六日時点で、全国で二、〇七二団体が認証され、滋賀県でも一七団体が法人格を取得している。

一方、滋賀県では、滋賀県内の市民活動・ＮＰＯを支援する淡海ネットワークセンター（財団法人淡海文化振興財団）が一九九七年四月に滋賀県と市町村の出資により設立された。これは稲葉前知事が提唱した「新しい淡海文化の創造」が直接的なきっかけとなっているが、背景に阪神・淡路大震災以降のボランティア、市民団体の活躍が設立の強力なバックアップになったことは言うまでもない。

淡海ネットワークセンターができる前年には、かながわ県民活動サポートセンターや日本NPOセンターが設立され、その後、行政・民間を問わず、NPO支援センターが全国にできてきている。滋賀県内には、淡海ネットワークセンターのほかに、草津コミュニティ支援センターができ、市民共同事務局による運営やコミュニティマネーの導入実験などのユニークな活動を行っている。NPO支援センターは、世田谷まちづくりセンターなどのように特定分野の支援センターと違って、分野を越えた市民活動全般をサポートする仕組みと言えるが、サポート体制や運営体制など、まだまだ抱える課題も多い。

市民活動の特徴

経済企画庁が一九九七年四月に公表した「市民活動レポート」によると、市民団体が主に活動している分野としては、社会福祉系、地域社会系、教育・文化・スポーツ系、環境保全系という順になっている。主な活動地域は、一つの市町村の区域内で活動する団体が多く、活動開始時期の新しい団体が多い。また、財政規模は小さいところが圧倒的に多く、専用事務所や有給スタッフを抱える団体は少ない。

このように、日本の市民団体の現状はまだまだ一つのセクターを担えるほどの力量を備えているものではないが、なぜ、こうした市民活動が大切かの意義づけを考える場合、日本N

ＰＯセンターの山岡義典さんは、先駆性、多元性、批判性、人間性の四つを挙げることができると言っている。

先駆性は、前例がなくても社会に必要があればすぐに実行に移す。個人や団体の思いを形にできるということである。多元性は、いろいろな価値観で社会サービスを提供することができるということである。批判性は、運動性とも言い換えることができると思うが、従来の反対・要求だけではだめで、専門性を持って対案を出せるよう自らも汗をかくことが大切である。人間性は、人間の責任において対応するということである。その他、自発性、迅速性、自己実現性などが市民団体の特徴として一般に言われている。

いずれにせよ、こうした特徴のすべてであるいは一部を兼ね備えた市民団体の活躍が期待されている。

滋賀の市民活動とネットワーク

市民活動が活発になり、市民団体が力量アップするには、資金力、人材、専門性、組織経営力などが必要であるが、現実には、まだまだ無い物ねだりの感が強い。そうしたものの不足分を補う上で、市民団体間のネットワークは欠かせない。また、マンネリ化の打破、新たな動きをする上でのヒントを得るためにも、数多くのネットワークが有効である。

滋賀県内の市民活動とネットワークの動きを概観すると、大きく以下の四点が特徴づけられる。

① 地縁からの新しい動き

滋賀県は中世から自治意識が強く、現在も全国的に見ても自治会活動が盛んな地域である。こうした自治会活動は、武村知事が始めた草の根施策で積極的に支援されてきた。こうした地縁活動の中から、自治会をエリアとしながらも、市民活動のような自由な発想での地域づくりの動きが数多く起こっている。自治会活動の閉鎖性から脱却し、他の地域とのネットワークを広げることにより、これまでにないコミュニティができてきている。

② 石けん運動

滋賀県の市民活動の原点は、石けん運動であると言える。既存団体も市民団体も行政も一緒になって取り組んだ結果、粉石けんの使用率が高まり、有リン洗剤を追放した琵琶湖条例へと取り組みが続く。今は石けん運動が華やかなりし頃とは違い、ひとつの方向の取り組みをすればよいというものではないが、こうした活動が一つのバネになって、滋賀県環境生協のように全国に誇れる市民団体が活躍する素地が生まれたと言えよう。

③ 異業種のドッキング

市民活動には一つの活動分野にとどまらず、複数の分野の活動にまたがる活動形態もある。

また、異業種のネットワークにより、新たな活動の展開という形態も生まれている。

市民共同発電所は、共同作業所、保育所、福祉施設、病院などみんなが利用する施設の屋根を借り、共同出資して、クリーンなエネルギーを生産しようとするもので、売電益を出資者で配分する。滋賀県内では、すでに共同作業所など三カ所に、太陽光パネルが設置され、福祉と環境という異業種がまさにドッキングしている。

こうした異業種ドッキングは、子育てとまちづくりや商店街のまちづくりと文化活動、女性のエンパワーメントと女性の政治参加、高齢者福祉サービスなど、様々な動きになって現れている。

④　淡海ネットワークセンターを媒体とした新たな出会い

淡海文化の創造が提唱される中で、各地でいろいろな分野の交流会が開催された。ひと・まちネット滋賀もそうした交流の中から生まれたネットワーク組織であるが、これまでこうした異業種、多分野の市民団体のネットワークは数少なかった。淡海ネットワークセンターができ、センターの交流を主体とした事業などを通じて、新たな市民活動のネットワークが広がっている。

これからの市民活動への期待

二〇〇〇年を迎え、新たな滋賀づくりのためにも、市民活動のバージョンアップに期待をしたい。これまでの会社人間だけという生活では、豊かな老後はあり得ない。すべて他人事では済まされない。社会との関わりを保ちながら、自分のできる範囲でできることをする。会社で経理をやっている人なら、その専門性を市民団体でボランティアとして活かすということが、日常起こってくれれば、必ず社会も変わる。

世は自己責任が問われている。個人や市民団体の自立と自律が問われる社会にあって、第三セクターを担うNPOが、行政や企業と対等に渡り合える社会（市民社会）が必ずや近い将来現れるだろう。

◆第2章◆

ネットワーク活動を追う

「ひと・まちネット滋賀」五年間の歩み

ひと・まちネット滋賀代表幹事　織田直文

自治の伝統の中から

滋賀県の地域社会は古くから自治がしっかりしていた地域である。中世の惣村や甲賀の郡忠惣、近世以後の集落自治を見るとよく理解できる。戦後昭和五十年代から始まる「草の根まちづくり」においても、その魂は息づいており、そのうえで取り組まれたコミュニティ施策の成果が実り、全国の中でも個性的で魅力的なコミュニティや市町村でのまちづくりに取り組んでいる地域として注目されている。この間、環境問題への取り組みに端を発し、県民運動の盛り上がりの中で成立した「琵琶湖富栄養化防止条例」、あるいは民意で取り組まれた大イベント「抱きしめてＢＩＷＡＫＯ」の成功、近年は第三セクター「黒壁」方式で地域振興に成功を納め、全国的に有名になった長浜市など、滋賀県民はいわゆる市民活動による地域形成の先駆的取り組みに、挑戦し続けてきたともいえる。

「草の根まちづくり運動」として育まれてきた地域づくりの土壌のうえに、平成期に入ると『新しい淡海文化の創造』を県政の理念とする地域づくり運動が、さらに地域に刺激を与えた。この十年ほどで、コミュニティや市町村単位の地域振興の枠を越え、県下各地で様々な新しい市民活動が誕生してきた。新しい淡海文化の創造とは、この地に生きる者が琵琶湖をはじめとする自然と共生して形成してきた暮らし方、いわば「淡海文化」ともいうべき先人の智恵や心を今に生かしつつ、新しい滋賀を創造していこうというものであった。その施策のひとつとして、県は、平成五年から六年にかけ、県下各地で県民活動に取り組むグループや個人が集うフォーラムを何度か開催した。

県民主導で全県的ネットワーク組織を

平成六年九月二五日の午後、草津駅前のクサツエストピアホテルに約百名が集い、第五回淡海文化交流会が開催された。ここでは、取り組み事例として、「ストップ・フロン滋賀」(野口陽)他三名が活動報告を、その後織田が報告に対する総括コメントをしたが、その中で県民が自主的に自由に集まり情報交流をすべきではないか、この機会に全県的な人間ネットワーク組織をつくってはどうかと提案したのだった。この提案に反響があり、交流会が終わるや否や、ホテル側に急遽願い出て会議室を提供してもらうと、有志で会合をもった。参加者は二四名で、ネットワーク組織の必要性や住民主導でつくるべきといった点では、全員賛同したのだが、どのような組織づくりをするかについては、種々の意見が出た。

「堅いセンターのようなものは不要」

「互いの連絡先が分かるリストさえあれば結構」

「緩やかな水平思考のネットワーク組織で、最低のお世話をする事務局機能は必要」

「都合のよい人だけを集めていくような事務局ではだめだ」

「来る者拒まず、去る者追わずの柔らかい組織にしてほしい」

「情報をニュースレターやパソコンネットで提供し、ネットワークをはかってほしい」


組織のイメージや活動内容（会則）、事務局体制などはすぐに結論づけられなかった。その日参加できなかった人たちにも呼びかけ、有志による研究会を開いて組織発足の準備をしようということで、その晩は解散した。

発足に向けての研究

その後「まちづくりネット研究会」と名付けられた検討会が、平成六年十二月一四日、翌七年一月十二日、二月九日、三月二三日と四回開かれた。一回目の結論は「ネットワークの性格は個人主体（グループ・団体も歓迎）で、会則はシンプルなものとし、年一回は魅力的な会を開く。多様な人が随時入れる自由な組織とし、地域活動のコーディネーターを育てていく。NPOの思想を貫きながら、行政とも歩みを共にする」であり、回を重ねながら、イメージは固まっていった。同時期全国各地に自治省関連の「地域づくり団体協議会」が誕生しており、またそうした流れとは別に岐阜県には「まちネット岐阜」が、奈良県には「NN, 二一」などが県民主導で発足しており、その資料を取り寄せたり、関係者の話を聞いたりし、これらも参考に滋賀県でのあるべきネットワーク組織について、熱い議論を重ねたのだった。

組織発足会は平成七年六月とし、原案づくりが進む。名称案は「輝くひと・まちネットワーク滋賀」とし、少し長いので通称を「ひと・まちネット滋賀」とした。幹事は、研究会メンバーが中心となり十数名でどうかということになった。呼びかけ文は、大平正道のものが最もメッセージ力があるとして採用され、その後入会案内書の冒頭に掲げられることになる。会則はシンプルなものとし、交流会や情報交流等のささやかな活動をイメージし、年会費は一口三千円とした。事務局はしばらくは織田が引き受けることになったが後に近江八幡市内に事務所を確保し、今日に至っている。

誕生日は平成七年六月二五日

● 呼びかけ文

時は・・・・たしかに〝地方主権〟の時代。いま地方が輝きはじめています。

だから・・・琵琶湖を抱く輝く滋賀の地から、淡海のメッセージを届けたい。時流に流されることなく、自然を愛し、人を愛し、わがまちを愛する。そんな輝く地域づくりをめざします。

もっと・・・人と知りあいたい。落ち込んでいるとき、元気の出る出会いの場があってもいい。滋賀の風土を愛し、地域づくりに情熱をもつ人々が語りあえる場があってもいい。

そして・・・そう考え続けるあなたと一緒に、元気で魅力的な〝人と人〟〝コミュニティとコミュニティ〟〝まちとまち〟をつなぐネットワークの場。「輝くひと・まちネットワーク滋賀」(通称「ひと・まちネット滋賀」)をここに提案します。

●会　則

名称

一．この会の名称を「輝くひと・まちネットワーク滋賀」(通称：「ひと・まちネット滋賀」)とします。

目的

一．会員の交流、様々な地域活動に関する情報の交換などを通し、素晴らしい滋賀をつくることを目的とします。

会員

一．ネットワークの重要性を理解し、常に「好奇心」と「行動力」をもって多彩な人と交流できる人やグループであれば、誰でも参加できます。

二．自発的に行動できる人・グループを歓迎します。力のある人は力を、お金のある人はお金を、知恵のある人は知恵を。何もない人は、熱い思いをご持参ください。

活動内容

一．会員全員の交流会を催します。

二．地域で輝いている人の生きざまやグループの活動などに関する学習活動を行います。

三．会員活動状況や種々の地域情報を交流・発信する会報を発行します。

四．お互いの活動を応援しあいます。

五．その他、会員のために必要なことは何でもします。

その他

一．年会費を一口三千円とします。（一人何口でも結構です。特にグループの場合は、応分の負担をお願いします。）

二、事務局を〇〇の場所におきます。
三、運営にあたる幹事は別表（略）に掲げる人たちです。（任期は一年とします。）
かくして平成七年六月二五日、草津市野路町にある立命館大学びわこ・くさつキャンパスで八〇名の参加者を得て発足会が開かれた。名称、会則、活動内容などが承認され、代表幹事に織田直文を、事務局長（幹事）に大平正道を選出し、計一二名の幹事の選出などを終えた後、参加者による情報交換、会議終了後は記念パーティーに移り、ネットワーク組織の誕生を祝ったのだった。

ひたすら地味に

発足会の席上、織田は「ネットワークの原則は、水平・平等・広がりにある。ひと・まちネット滋賀は主体的に市民が組織するＮＧＯ・ＮＰＯ的組織として互いに情報を交換し、活動の輪を広げ、滋賀県社会や国際社会に貢献したい」と抱負を語る。一人一情報コーナーでは、幹事の一人に選出された林田久充の巧みな司会のもとで、メンバーの元気な自己紹介が続く。笠文彦が「県内のミニコミを集めた展覧会を開こう」と呼びかけたり、西本和正が阪神淡路大震災のボランティア活動「一滴運動」について語るなど、活動内容は文化、環境、防災、福祉、国際交流、経済、まちづくりと実に多彩だ。幹事のひとり上原恵美は、「滋賀県には情報流通が欠けている。すばらしい人と人との出会いの場を提供し、ネットワークによって、使えば使うほど増えていく『情報』という貴重な財産を分け合っていきたい」とこの組織への期待を述べた。

もとよりささやかなネットワーク組織である。主な活動は、年二回のこうした交流会の開催とニュースレターの発行（年三〜四回程）、会員提供の情報の会員への随時配布程度である。なお、交流会は当初から一貫して会員のみに限定せずになされてきた。おおいに飛び入り可である。いつでも誰にでも開かれたネットワーク組織であるという考えが、会員には周知のことだったからだ。実際毎回会員以外の多くの人たちが参加してくれている。

もちろんたまになされる交流会より重要なのは、会員同士のコミュニケーションや協力である。それはよくなされているらしい。というのもいちいち事務局に報告する必要などないのだから、時々雑談の中で耳にするが、全体状況を事務局は把握しようがないのだ。他方、県外の団体との交流や、後の三県市民活動フォーラムの実施に向け、メンバーを送り出し、活躍してもらうということも出てきた。だがそもそも組織自体が大きな事業を行うという性格ではないので、全体としてはやはり実に地味な活動展開であった。

仕事もネットワーク方式で

確たる財源がある訳でもなく、強力な事務局機能も無いのだから、交流会の企画・実施だけでも苦労だ。事務局や特定の誰かに仕事が集中しないように配慮しながら、実に巧みに事業がなされてきた。幹事会で骨格を決めると、会場が設定されている地域のメンバーと会員以外のスタッフも参加してもらい「実行委員会」をつくる。ここが具体的な内容を詰め、準備する。会員への案内は事務局がするが、参加の申し込み先は実行委員会スタッフの元へ集め、集計するといった具合で、仕事の仕方までネットワーク方式の妙で切り抜けてきた。ニュースレターづくりもこの方式で取り組み、初期段階では秦憲志が請け負ってくれた。後に事務局体制が充実してくると事務局担当部分が増していくが、できるだけネットワーク型で仕事を処理する姿勢は今も変わっていない。

実においしい交流会

この方式で、初めて取り組まれたのが、平成七年十一月一九日に開催された第二回交流会、多賀大会だった。多賀町には民間企業が独自に天文台を持って活動しているという。「ダイニックアストロパーク天究館」といい、そこの名物館長の米田康男さんに「輪のない土星の見える時」をテーマに語ってもらおうということだった。この年は、十五年ぶりに土星の輪が見えなくなる年だったからだ。会合終了後には満天の星を眺めてロマンを語ろうと目論んだのだが、残念。あいにくの曇り空でアウト。米田さんの話の方はといえば、土星や星座の話はどこにいったのやら、ここでは、様々な文化イベントや交流事業がなされているといった、もっぱら天究館と地域とのおもしろい関係論に終始し、これがまた参加者には大好評だった。講演後のティーブレイクには、グリーンファーム香清のオリジナルクッキーと、多賀町名物糸切餅が振る舞われ、英気を付けて情報交流の場面に。毎回のことだが、皆話したくてうずうずしている連中ばかりで進行役はたいへんだ。この日は戸所岩雄が受けてくれたが、ご苦労さんの一言だった。前回提案されていた「ミニコミ誌のミニ展示」が実現し、竺文彦はうれしそうだった。だが彼は次なる関心は大津の街歩きと身近な自然環境を取り戻す「ボテジャコトラスト」をつくることだと宣言し、その後着実に実行している。なお、交流会でゲストスピーチをしてくれた講師の講演内容は、本書の随所にちりばめられているので、ぜひ読んでいただきたい。

会員名簿はもちろんだがこの年の年末には会員プロフィール集も発行した。他府県の例では、詳細な内容のものを印刷して広く頒布している例もあったが、プライバシー問題に配慮し、あえて正式な印刷物にはしなかったが、会員にはおおむね好評だった。しかしこのプロフィール集づくりは事務局としては大事業であり、その後の更新の必要性を感じながらも十分できていないことを反省している。

平成八年六月一六日には、第三回交流会が朽木村で行われた。できるだけ県下各地を回っていこうとの考えで、湖南、湖東ときたので湖西でということになったのだ。ここでは当時、朽木村むらおこし公社理事長で村の助役であった澤本長久さんから、想い出の森「グリーンパーク」の整備、大ヒットした温泉「てんくう」開発のドラマを語ってもらった。同年十二月一日には、開館まもない県立琵琶湖博物館の見学会の後、第四回の交流会を開催。秋山廣光さんの話に耳を傾けた。

平成九年六月二二日には、グリーンパーク山東にて第五回の交流会が開催された。長浜市で地域振興に携わってきて、山東町長になられた三山元暎さんから含蓄に富んだまちづくりの理論と実践を学び、その後分科会に分かれて地域づくりや市民活動論を議論。全員での交流会後は、日本一といってもいい山東の蛍の鑑賞会に招かれ、しばし光のページェントを堪能したのだった。第六回交流会は、同年十一月二三日に甲西町伝統工芸会館にて、甲賀郡障害者生活支援センターの牛谷正人さんから、障害者の二四時間対応のショートスティサービスの話を、グリーンファーム香清代表理事の石本登喜子さんからは、農村女性による起業のサクセスストーリーを聞き、皆感嘆の声をあげたのだった。

平成十年六月二八日、信楽町伝統産業会館と信楽青年寮を会場に、第七回の交流会を開催。しがらき風と土の会との共催で、映画「まひるの星」を観賞した後、制作した佐藤真監督との迫真の一問一答を行った。平成十一年三月二一日には第八回の交流会を、彦根市内に新しくオープンした「たねや」さんの「美Ｃの舎」の一室をお借りし、山本徳次さんの食文化論をたっぷり拝聴するとともに、銘菓に舌つづみを打ち、心もお腹も満足しきった一日だった。同年九月五日には、高島町の「びれっじ」にて第九回の交流会を開催。リーダーの今西仁さんから、二十年前からのまちづくり研究活動に始まり、近年の実践、とくに今や四号館のオープンまでに至った（五号館も計画中）「びれっじ」シリーズを立ちあげてきた苦労話を聞く。もちろん現地見学し、魅力が増した歴史的な町中を十分味わった。第十回は、平成十二年二月二六日に大津市内、ナカマチ商店街の一角で自宅を改造された杉本さん宅のギャラリーＹＵＫＩの広間で開かれた。商店街とアート、まちなかの魅力の再発見などについて語らった。

焦らず、ひるまずコツコツと

これらの交流会の前後にニュースレターを発刊してきた。手作りの質素なものだが、それでもおりおりの会員からの情報提供や、交流会の報告などを入れてこつこつ発行し、平成十二年六月までで一〇号を数えている。また、この間、対外的には、メンバーが種々の場面で他県との交流や、事業に関わってきた。発足当初の頃は、岐阜県の「まちネット岐阜」や奈良県の「NN,二一」と、平成八年から九年にかけては石川県の地域づくりのメンバーと交流を行った。八年末には、関西電力滋賀支店に注目してもらい、支社長とひと・まちネット滋賀の織田直文、平井千晶との対談が、同社の雑誌「はーとLightしが」に収録された。平成九年七月からは、その後三年間にわたり、毎年一回ずつなされた福井・滋賀・三重三県市民活動フォーラムにひと・まちネット滋賀のメンバー数名が実行委員会のスタッフとして参加し、画期的なイベントとして成功へ運ぶことに尽力した。県内では、淡海ネットワークセンターの支援のもと、甲賀・高島交流会である「淡海たすきがけフォーラム」の企画・運営に当会のメンバーが深く関わり、大きな貢献をしている。

会員数は、毎年一割前後の入れ替えはあるが、発足してから今日まで、ほぼ一二〇名前後で一定している。メンバーのひとりが言った。「『派手からず、焦らず、ひるまずコツコツと』の間合いでやるのが長続きのコツとちがうか」と。なるほど。

何もしないネットワーク——ガチャコン倶楽部の秘密

ガチャコン倶楽部会長　杉原正樹

ガチャコンで遊ぼう

百年以上も前から湖東平野を走る近江鉄道は、ガチャコンという愛称で親しまれ、今時の高校生は「ガチャ」と呼んだりしている。

ガチャコン倶楽部は『とりあえず』この鉄道を愛する人たちがメンバーで、全国約二百人のネットワークとして存在している。わざわざ『とりあえず』と記すのは、会則もなく、集まることもない・・・・何もしないネットワークだからだ。

ガチャコン倶楽部は、まちづくり運動をしているわけでもなく、問題を発見しその改善を求める、或いは、未来のビジョンに向かって運動していくという、何らかの目的をもって組織した市民ネットワークではない。それぞれ個人的な理由で、たまたまメンバーとして繋がっているにすぎない。

最初、ガチャコンで遊ぼうと始まった。「私鉄沿線で遊ぶ」という言葉の響きに細々と喜びを噛みしめ合った。運賃も全国二番目に高いという噂で（実際はそうでもない）、ならば贅沢な遊びとほくそ笑んだ。古いものを使い続ける健気さや、人情、アナログ感覚のノスタルジー。湖東の田園地帯を走る長閑さは、旅というゴーカな気分を味わう遊びを約束してくれていたし、ふわりと降りた場所には、ガイドマップにも無く、全てが自分自身の才能や想像力によるオプショナルツアーだった。

やがて、鉄道マニアと呼ばれる人たちが集まりだした。写真を撮る人、車両に魅力を感じている人、電車での旅を好む人・・・。その知識には驚くばかりで、ガチャコンは全国のマニアが熱い視線で見つめ続ける『ライブミュージアム』であることを教えられた。

今は、どちらかといえば、ガチャコンの走る湖東平野の暮らしぶり、歴史や自然に心ひかれ、ガチャコンを使いながら日常と非日常の境界で遊ぶショート・トリッパーが増えている。

ネットワークは何もしない

倶楽部として八年目になる。未だに会則も無く、一同に集まることもなく、会報を発行する以外、ネットワークとしては何もしていない。

会報には、メンバーから事務局に届いた手紙（レポートと呼んでいる）が掲載されている。近況報告から、ガチャコンに乗った感想、他流試合と称した全国のガチャコン（ローカル線）

レポート、近況のガチャコン沿線探訪など、鉄道マニアはマニアらしく、詩人は詩人らしく、歴史家は歴史家的に・・・・中学生は中学生の言葉で、自分だけのガチャコンスペシャルや、ガチャの走る淡海への『ＬＯＶＥ　ＳＯＮＧ』が綴られている。

マニアの人は新しい宝物を発見し続け、ガチャコンに乗って遊んでいる人はずっと遊び続けている。生まれた子供とガチャコンに乗る日を夢みている人もいる。レポートはノルマではないし、会報も読みたくなければ読まなくてもいい。

結果として・・・・。

メンバーのそれぞれは、埋もれている知識や情報を一人ひとりが解釈し加工し、自分流に体験し、表現し、発信することができた。

地域の住民だけでなく、淡海を訪れる観光客も、近江鉄道で働く人、ガチャコン沿線で仕事をしている人、学生も子供も、それぞれの立場で関わってきた。だれもが「個」として自立し、誰にも強制されることなく淡海を走るガチャコンで遊ぶことができ、情報を共有することができた。繰り返す、あくまでも結果としてだ。

ガチャコン倶楽部のネットワークは、さも存在しているかのように語られ、振る舞っているけれどもネットワークは何もしていない。

実際は個人が、その存在を望んだ時にのみ在りえる。

何らかのネットワークが構築されたからといって、何かが始まるのだと期待するような代物ではないのだ。もしも、ネットワークの果たす使命があるとするならば、メンバーの一人ひとりが、個人的な理由で、興味あるテーマをネットワークに投げ入れることをしなくなった時、初めて『FIN』を自らに告げるということだけだ。

何もしないネットワーク。

それは言いかえれば、誰かが新たな夢や希望、テーマを語り続け、別の誰かが反応することができたならば、ネットワークは常に存在し続けるということだ。インターネットが存在しなくても、会報が存在しなくても、本来、ネットワークは在り続けることができる・・・ガチャコン倶楽部のはじまりがそうであったように。

ガチャコン倶楽部は、パソコン、モバイル、デジタル放送・・・・道具だけが『個』へと突き進み、どれだけ『個』のステージが整備されたとしても、極めて利己的であることに終始しながらも、結果として、市民ネットワークの性格を持ち得る可能性がある。

冗談のようにして真剣に、面白がりながら始まったネットワークなのだが、このような在り方が様々な分野で成り立つならば、淡海は、まだまだ、もっと、面白い。

ネットワークは何もしない。

『何もしないネットワーク』は、個々のプライドとして在り続けるのだ。

「あたりまえ」のまちづくり

信楽・風と土の会　事務局長　大平正道

風と土の会ってどんな会

滋賀には、さまざまなキャラクター（地域特性）を持った地域が多くある。

信楽といえば・・・自然、歴史、やきもの、福祉『風土』に魅せられ、毎年多くの人たちが信楽を訪れ、又住まいとして、新しい風を吹き込んでくれている。ゆとりのある信楽の風土はそんな「風の人」をやさしく、それがあたりまえの様に迎え、包み込む。地域の伝統文化を培ってきた「土の人」も元気だ。

風と土の会と土の出会い・・・風と土の会はここからはじまる

一九八八年七月、信楽青年寮（知的障害者の施設）で働く職員が中心となって、小室等・永六輔さんを招き〝火まつりコンサート〟を開いた。しかし職員は「風」の人がほとんどであり、信楽の一大イベントの「火まつり」と重なり、あまり人が集まらなかった。

そこで翌年「リベンジ」・風より土への協力依頼。風と土の人のネットワークがともに一つの夢を掲げ〝風と土のコンサート〟（林英哲、小室等）を開いた。

コンサート終了後・・・スタッフは解散させずに「風と土の会」を発足。会費も無ければ会則も、会員さえも〝この指たかれ方式〟でその時々（実行委員会方式）に集まった人が〇〇〇よりいいものを作ろうか。やろうか、よりも自分たちに合った楽しいこと、自分たちが面白くてやりたいものを実行する。会への関わり、ありさまは個人にゆだねられている、そんな肩の力が抜けた自然体のグループが生まれた。

映画会、講演会、情報誌の発行、ミュージカル、各種コンサートからフリーマーケット「風土村」など何でもあり。そんな『風と土の会』を町の人々はまちづくりのグループとかボランティアグループと呼ぶが、私たちは別に何のこだわりもない。ただ、やりたいことをやり、楽しんだだけだが、気がつけばそんなグループかもしれない。

そんな活動の中で

信楽の知的障害者施設で生活する人々を描いた記録映画『しがらきから吹いてくる風』が出来上がり、試写会をした。それを見た土の人（信楽の住人）たちは、「これが映画か?これはふつうの生活や。何もおもしろない」と口々に言っていた。ところが東京など各地で上映され出すと、知恵遅れの人とも声を掛け合い一緒に働くそんな生活が・・・。

こんな町は他にないと風の人に教えてもらった。

障害のある人と町との自然な触れ合い、それが私たちの町、信楽では『あたりまえ』のことなんですが、慣れ親しんだ生活の中では、その良さに気がつかないもんなんですね。その『あたりまえ』が一番難しいことを。

まぁ、何も思わないで暮らすのもいいんだけれど・・・ただ住んでいるだけではなく、生活している地域に関心をもたないと、何も見えてこないし、何も生まれてはこないこともある。私たちはどんな所に生活しているのか、もう一度、五感で感じてみる必要があるのではないだろうか。

また一〇年間活動を続けていく中から色々なことを学んだ。

たとえば・・・活動の　HOW　TO

WHEN　　いつ　　〜いつまで

継続は力なりと言うけれど、続けることはむづかしい。
継続には三火　――（情熱をささえる）人（住民）、金（企業）、
サポーター（行政）と三水　――（汗、涙、酒）が必要。

WHERE　どこで　〜風土・場所（地域特性）の持つ魅力を生かす

WHO　だれが　～個人と組織
一人でできることと、組織じゃないとできないことがある。
WHY　なぜ　～何のために・誰のために
それはもちろん自分のために。人の幸せが、自分の幸せ。
WHAT　なにを　～企画・実行
ネットワーク・・・土で考え、風に教えてもらう。
メディア・・・・・風の持つエネルギー

地域づくりは『恋心ネットワーク』

自分の住んでいる地域に関心をもつと言うこと、地域づくり（恋愛）には、これと言う手法はないが、まず自分が地域を好きにならないと、地域も自分を好きにはなってくれない。すなわち自分に関心を持つと言うことでは恋愛と同じではないだろうか。ひとは自分の感性にふれた人に、それが心地よいものでも、たとえ嫌いなものでも関心を持つ。そしてその人（地域）のことを知りたいと思い、次に付き合いたい、デートをしたい、と考え（この場合、頭の中や机の上で考えるだけではだめ、何でもいいからまずやってみることが大切）行動に出る。するとその人（地域）のことがもっと、知りたくなる。

恋愛と同じで〝愛とこだわりを持った人々との交わり（ネットワーク）〟が地域の味付け（風土）となり、新しい文化と地域を創造していくのではないだろうか。

『地域に恋する楽しさ』『あたりまえのまちづくり』のその良さに気づいて、地域に誇りをもって生き生きと『あたりまえ』のように暮らしてみようではないか。

元気印のメッセージ

元気文化、発進!!

アクト21企画　悪党　その1　臼坂登世美
その2　中村真奈美

今日は、二十一日。アクト21のメンバーが集結する定例会の日だ。

「お母さん、はよいきやー」

「みんなによろしくね」

家族の温かい応援を背にうけ、会場へと向かう私。

訳も解らず集まった女性軍団である私たち、自分達なりの方法で始めた文化活動。もう今年で七年めを迎える。震災復興を願った西宮のチャリティーコンサート、地域米消費拡大のための日本一大飯ぐらい大会、元気なシルバー世代のためのシャルウイダンス、出前による落語会と、止まることを知らずに活動を続けてきた。

アクト21企画のメンバー達

何がこのパワーの源となっているのだろうか。自分達が住む地域を真剣に愛し、人を思う気持ちだろうか。また、一人一人が母・妻・職場・さらにもう一つの生きがいづくりを見つけようとしているからだろうか。理屈はどうであれ、先ずは実行することが肝心である。

私たちの目指す文化は、心に潤いをもたらし誰もが平等に楽しめる事だ。それは、決して一人では何も出来ないが、二〇代から六〇代という幅広い年齢層で、皆が知恵を出し合い協力すればそこに何かが必ず生まれる。

アクト21は、二十一世紀に向かって、更なる元気文化を発進しつづける。

沸沸として

震災ボランティア一滴代表　寺田智次

阪神淡路大震災の中から

阪神淡路大震災で活動したボランティア団体の中で一番印象に残っているのは、迷い犬や飼い主のいなくなった猫などペットのために活動をするグループでした。

震災によって日本のボランティア活動が大きく変わったとされるのは、自由な意思で参加するボランティアたちや団体が、水平的に結ばれていったことにあると思います。それはこれまでの、官僚が頭を使い、地方が体を動かす、あるいは役人が命じて市民が行動するといった上意下達の組織とは全く異なり、自律的でしかも自在なネットワークでした。

行政の活動では、被災した人達の救済や生活再建のための支援が最優先されます。その方策も、すでに計画にまとめられた施策や災害マニュアルに表記されたものです。そこからは、被災したペットの救済という発想と行動は、生まれようがありませんでした。それが悪いという意味ではありません。限られた予算と人員と時間を効果的に生かそうとすれば、まず人命に関わることから活動をするのが行政の一番大切な役割だからです。

しかし飼い主にとってペットは家族の一員です。家族同様かけがえのないものです。行政としての役割と市民一人ひとりの思い、その狭間を埋めていたのがボランティアたちの活動でした。

私の参加した震災ボランティアでは、自分にできることを自分のできる範囲ですることにしていました。それが行政との違いです。行政は、公平に、継続して施策を進めなければなりませんから、どうしても合意を得るのに時間がかかります。反対にボランティアは自由に取り組む内容や方法を決められますが、継続性なり対象者に限りがあります。その役割の違いを互いに理解して、行政とボランティアが協力することが一番の課題です。

NPO法人の認証が進むにつれて、政府からの積極的な支援策も打ち出されるようになってきました。しかし、それは従来どおり、省庁ごとに特定の事業に対し補助金として交付されるものですし、国、府県、市町村の縦型組織にNPOが組み込まれてしまうおそれがあります。本来の支援は税制の改正や公共料金の軽減など、活動の基盤づくりを支援すれば十分だと思います。行政もボランティアとの役割の違いを踏まえてより良い関係をつくり出すことを心掛けるべきです。

アーケードアーツに挑んだ女性

大津の中心商店街でギャラリーをはじめた女性が、大津市制百周年の一九九八年、大津市の記念イベントのひとつとして現代アート展「アーケードアーツイン中町」を商店街で実施しました。事業の詳しい内容は『商店街と現代アート』(東方出版発行)に書かれていますが、アーケードの下や古いお店の中に現代アートが並ぶと作品が暮らしのなかに溶け込んで、昔からそこにあったかのように見えてくるから不思議でした。それは商店街という空間のもつ温かさによるのだと思います。行政にとって中心市街地の活性化は大きな課題ですから、アーケードアーツも同様の趣旨かというと、そうではありません。商店街に暮らす人達にとっては、商店街を家に例えるといわば居間と同じような場所ですから、そこにイイモノを飾りたい。中心市街地活性化や商店街振興という重々しい理由ではなく単純で明快です。それこそボランティアの発想です。同じ発想で手書きの大津絵の行灯をアーケードの下約一キロに延々と並べるイベントを企画し、中心になって実施した別の女性もいますが、活動が行政からの指示や考えではなく、地域に対する自分の思いの発露であったからこそ共感する人達が多かったのだと考えます。

行政とボランティアの水平関係を

私の住む大津市膳所地域では、変質者による子どもへの暴行事件が相次ぎ、九九年秋から毎朝の地域内巡回や夜間のパトロール、ポスターの掲出などを膳所ブリングアップという組織で行っています。膳所ブリングアップは子ども会や補導委員会など子どもに関わる四団体がひとつにまとまったもので、子どものための研修などを進める育成部や私の所属する巡視部などの部単位で活動しています。この組織がなければこれほどスムーズに事件への対応はできなかったと思いますが、これは地域での水平的なネット化の例です。

膳所は、大津市内でも最もユニークな活動を進めている地域で、子どもたちや高校生、大人たちによる三六時間ぶっとおしのソフトボール大会等商店街、体育振興会、観光協会等のメンバーが相互に協力して地域づくりを進めてきました。そのような背景があるにせよ地域での地域団体のネットワークの形成は、行政からの要請に応える形で進められがちであった地域でのボランティア活動が、自律的なものに変化していることを意味します。

今後もボランティア活動はますます多様化し、しかもその活動に行政や企業からも大きな支援が得られる時代になりそうです。しかし、大切にしなければならないのは行政とボランティアたちの水平な関係です。それはあたかも、沸いている大鍋が水平に保たれていてこそ役に立つようなものです。

私は今、「まんが」の得意な連中とまんがでボランティアをしようとしています。山水会という名の市役所での自主研究会は一五年目を迎えます。ソーラーや手作り風車で市民発電所の建設というプランを私に示している人もいます。そんな沸き立つ思いに駆られる人達を思い浮かべて、「沸」と書いて見ると、「佛」という字に似ていることに気づきました。沸沸として沸き上がるそれぞれの思いは佛の心に通じると言ってはこじつけ過ぎでしょうか。

「まち研」と「まち研通信」

滋賀まちづくり研究所　森川　稔

「まち研」との出会い

「滋賀まちづくり研究所」、通称「まち研」というグループがある。滋賀県内の公務員や民間人が中心になってつくったネットワーク型のグループである。「研究所」というよりは、「研究会」といったほうがふさわしいかもしれない。

平成四年度に滋賀県が開催した「地域づくり戦略セミナー」に参加した市町村職員有志の、地域や職域を越えた新しいネットワークをつくろうという思いからスタートした組織である。平成五年六月二六日に設立総会が開催され、正式に発足した。

この総会開催のことが、新聞に小さく載っていた。「だれでも参加できます」という記事を見て、わたしは会場だった近江八幡市の県立女性センターに顔を出した。それ以後、まち研の活動に参加することになった。その当時、仕事を離れ、ひとりの市民として、地域に関わる活動に参加したいと思っていた。「市民活動」という言葉はまだ耳にしなかったように思うが、市民による自発的な活動が全国各地で見られるようになってきていた。わたしのなかに、そうした活動に関わりたいとの思いがあったのであろう。あれから六年半が経過した。

「まち研」の活動

まち研は特定の代表者を置かず、会員みんなで運営するスタイルをとっている。総会、月一回の例会、年一回の県外研修が行われる。活動に熱心なメンバーが中心になって、「この月は誰が担当する?」、「今度○○をやってみたいな」、「△△さんに一度お願いしようや」といった、いい加減というか気軽というか、そんな調子で一年間の活動計画(担当者)が決まっていく。

例会は、県内の各地で行われる。担当者の住まいや仕事で関わりのある市町村で開催されることが多いからである。県外研修では、岐阜県の蛭川村、長野県の飯田市と浪合村、島根県の吉田村、京都府の舞鶴市、韓国の釜山と慶州、石川県の柳田村、愛知県の西三河地方を訪れ、まちづくりのキーマンにお会いしてきた。

まち研の会員は現在三五名。県内に散らばっている面々が例会などのときに集い、情報を交換したり、議論したり、時には杯を傾けることになる。まち研自体が特定の活動フィールドをもっているわけでなく、まち研で得た情報や元気が、メンバー一人ひとりのそれぞれのフィールドでの活動の糧になれば素晴らしいことである。わたし自身についていえば、まち研で活動してきたことが、地元である大津で活動を始める大きな契機になったといっていいだろう。

楽しく・軽やかに・じっくりと

わたしは、まち研での取り組みを説明するときに、「遊び」三分の一、「交流」三分の一、「学習」三分の一と言っている。そして、まち研に限らず、さまざまな活動に関わっていくときには、「楽しく・軽やかに・じっくりと」を基本的な姿勢としてこころがけている。

まちづくりの活動は何よりも「楽しく」ありたいと思う。楽しくないと長続きしない。例会だけでなく、さまざまなイベントやフォーラムにも顔を出したいものだ。フットワーク「軽やかに」足を運ぶことによって、「交流」の輪を広げていきたいと思う。まちづくりに関わる活動は、こうした「楽しく」「軽やかに」に加えて、しかし「じっくりと」取り組むものではないか、と思う。流行（はやり）にのってやるものではないだろう。腰を落ち着けて、じっくりと取り組むことも必要ではないか、と思う。

「まち研通信」の発行

わたしは、平成八年六月から、「まち研」の機関誌である「まち研通信」の編集を担当するようになった。まち研のようなネットワーク型の組織にとっては、会員をつなぐ機関誌といったものが是非とも必要と思っていたが、それまで続いていた機関誌の発行が中断していたこともあり、「それじゃ一丁やってみるか」と、自ら担当するようになったものである。

はじめるにあたって、三つのことを編集の方針にした。①「まち研」の活動記録として残せるものにする、②会員の思いや活動を相互に伝える場とする、③他の団体・グループとのネットワークをつくる媒介とする、の三点である。例会に参加しての感想や意見、会員に持ち回りで執筆してもらう「会員便り」、会員からの活動報告など、会報の原稿は全て会員が執筆するという建前である。

平成十二年四月に、四六号（月刊）を発行した。最近はなかなか原稿が集まらず、紙面を埋めるのに四苦八苦することもある。文章を書くことがもともと苦手なわたしにとって、自分の考えや思いを文章化するのは、結構エネルギーがいるものである。苦労しながらもなんとかこれまでやってきて、大変な勉強と経験をさせてもらったと思っている。

「まち研通信」を発行することが、わたしにとっての「じっくりと」の大きな部分を占め

まち研通信

てきた。「継続は力なり」という。継続することは困難であるがゆえに、それを成し遂げることが大きな力になるのであろう。「まち研通信」の発行をここまで続けられたことが、わたしにとって大きな自信と力になったことだけは間違いない。五〇号の発行を目標にがんばっていこうと思う。

三県市民活動フォーラム奮戦記

第一回福井・滋賀・三重三県市民活動フォーラム実行委員長
織田直文

市民活動に取り組む県民が主導で

近江は歴史の回廊である。全国を縦断する街道がここで交差し、人、物、情報が行き交うことで、この地に繁栄をもたらしてきた。中でも東海道と中山道が合流する草津宿の賑わいは著しく、それを核に今日の草津市が形成されている。市街地中心地には、復元なった草津本陣をはじめ往時の宿場街の面影が今でも残っている。その本陣斜めむかいにある脇本陣のひとつが、観光物産振興の拠点施設として整備され、現代の旅人の憩いの場になっている。二階は多目的に活用できるギャラリー空間となっている。ここを会議室とし、平成九年七月一三日、福井、滋賀、三重の三県から、市民活動に携わる人間二十数名が集まった。この年の四月、福井県で三県知事会議が開かれ、席上三県の市民活動グループらの交流ができないかということが話題となった。一回目は滋賀県でということになり、各県の行政からこのことについて相談をかけられ、関心を持った各々の県民有志がここに集い、開催について話し合ったのだった。

前半は「なんで三県なんや?」「行政主導でのイベントではないか」「これから準備してできるのか」などの否定的意見が強かった。事務局からの補足説明もあれば、別の参加者からは開催すべしとの声も出る。会議の世話役をした滋賀県の職員も、いったいどうなるのか、はらはらした面持ちで議論のゆくえを見ている。会議の進行役だった織田直文は、「これは私たち民間人が自由に議論し結論づけていいんですね?」と事務局に念を押す。「結構です。」との答えが返り、再び激論に。参加者のひとりで、三重県からこの日の会議に参加した伊野雄二は、後に彼の著書である『里山の伝道師』(コモンズ刊)の中でこう述べている。

私は、滋賀県で行われた第一回実行委員会の緊張と新鮮な感動が忘れられない。行政のほとんどの会議は、筋書きのある結果のわかった「儀式」の場になっているといわれる。ところが、このときの会議では、何が決まっていて、何が決まってないのかの確認から始まった。実行委員同士の面識もない。「フォーラムを行うか、行わないか」を含めた議題の会議で、(中略)みんなが協調して、会議を進めていった。

参加者はいずれも市民活動の強者ばかりである。それぞれが真っ正面から自分の意見を述べる。途中、「そんなイベントは止めとこ」との空気も漂った。だが、議論はいつの間にか前向きに変わってきた。お互いに信頼関係が芽生えたのだった。「せっかくのいいチャンスじゃないか」「主体は我々じゃないか」「市民と行政がパートナーシップでやればできるはずや」ということで、ついに取り組もうということになった。

誕生―「三つの『うみ』を結ぶ夢ネットワーク」（第一回　滋賀県大会）

そうと決まると話は早かった。開催日（十一月三十日）、場所（滋賀県草津市）、規約、役員（委員長：織田直文・滋賀県、副委員長：後藤勇一・福井県、林田久充・滋賀県、中村伊英・三重県）などを決め、次回会議を九月七日に三重県でということで散会となった。

だが、開催までに三ヶ月しかない。しかも単独の県だけでもまとめるのは困難と思われた企画・準備を県境を越えてやろうというのだ。次回の会議でフォーラムの実施計画を固めるべく、各県にそれぞれ企画に関係する事項をあらかじめ議論してもらっておき、まとめてもらい、実行委員会の事務局に回答してもらうという処理で、極めてスピーディに準備を進めていった。大会テーマは「県境を越え、三つの『うみ』を結ぶ夢ネットワーク」に決まり、これは後に三年間通じてのキャッチフレーズになった。

事務局を引き受け、ホスト役になる滋賀県側の準備もたいへんだった。古くからの交通の要衝で、福井・三重からの交通も便利な草津市で開催することは決まったが、どのようにして参加予定三百名を収容し全体会と会議終了後の懇親ができ、かつ一〇を越える分科会ができる会場を確保するのか。なかなか理想の会場はない。結局全体会は草津市役所庁舎内の大ホールを、懇親会は駅前にあるホテル、ボストンプラザを、そして分科会は、中心市街地に点在する飲食店等の民間施設を使い分散する方式で行うことになった。参加予定数の三百名をどのように確保するかも悩みだったが、内容の新鮮さ、話題性も手伝いPRがうまくいったこと、そしてなによりも三県に多くの市民活動が育っていた証しだと思うのだが、結果的には五百名を越す参加者があり、実行委員会はうれしい悲鳴をあげることになった。ただこれでは、一カ所二〇から三〇名程度で考えていた分科会に大人数が集まることになり、あとで大きな反省点として残ったのだった。当日のスタッフ確保も頭の痛い問題だった。実行委員会メンバーの数は最終的に二八名になったが、これだけでは足りない。滋賀県はじめ多くの行政職員、ボランティアの県民有志の参画を得て、やっと当日を迎えた。

平成九年十一月三十日といえば、年によっては雪がちらつくこともあるが、幸い穏やかな天候に恵まれて本番はスタートした。おりからお隣の京都市では、翌日から地球温暖化防止の国際会議が始まろうとしていた。実行委員長の織田は、この三県フォーラムも新しい歴史の扉を開く記念すべき歴史的なフォーラムであったと、後世の記録に残る会議にしようと、参加者に呼びかけた。主催県の稲葉稔滋賀県知事のあいさつの後、日本のNPOの理論的研究と実践指導の第一人者である、日本NPOセンター常務理事で事務局長の山岡義典氏に

「地域の伝統と新しい市民社会」と題して講演を頼んだ。熱のこもった、それでいて市民活動、ボランティア、NPOなどについての、到達点、課題、展望を分かりやすく説いてもらい、参加者の反応はきわめてよかった。環境、福祉、文化、防災、国際交流、男女共同参画、子育て、まちづくり、市民活動など種々のテーマを扱った分科会の進め方、手法は様々である。講演方式、シンポ形式、いくつかに分かれてのグループ討論、一対一の対話方式を取り入れた会場もあった。会議終了後の懇親交流会では、分科会の報告、フォーラムメッセージが読み上げられ、翌年三重県で第二回を開催することを確認し、一日の日程を終えたのだった。

中学校が感動の交流ステージに（第二回・三重県大会）

翌平成十年十一月二二日には、三重県四日市にある四日市市立中部中学校で、第二回のフォーラムが開催された。参加者は七五〇名にも上る大集会となる。この年の実行委員長は三重県の松尾光伸が務め、事務局は三重県庁に置かれた。滋賀県大会では分科会会場が分散していて、市街地内の飲食店活用の面白さに評価もあったのだが、会場の狭さや移動の不便などの指摘があった。学校施設の利用は一カ所で全てが処理できるという点で、大きな改善だった。自由なテーマを雑談しあう「トーク広場」の設定や、市民活動を紹介するパネル展示、さらには松尾委員長ならびに三重県側スタッフの提案で、水のセレモニーをすることになっ

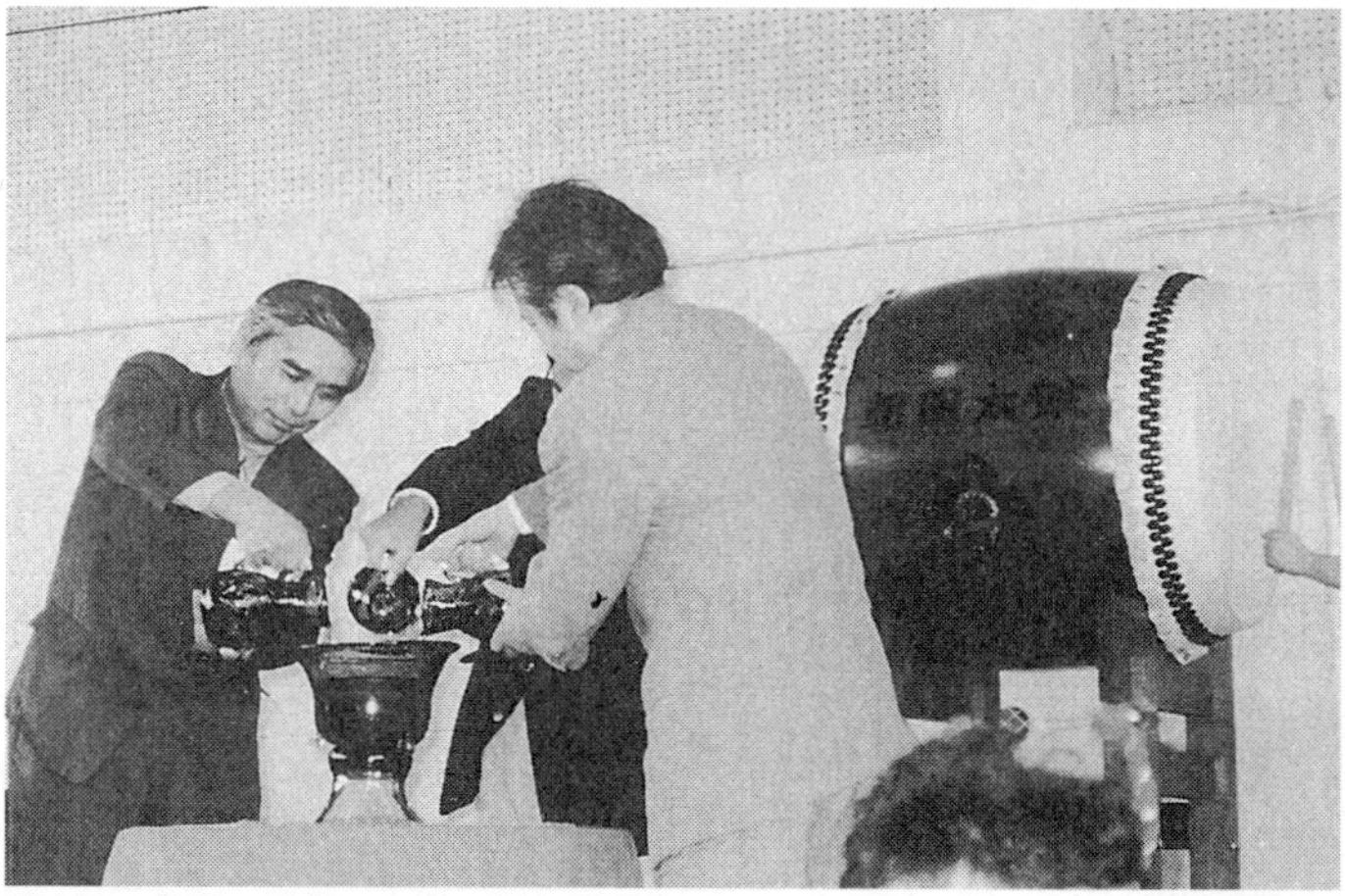
第２回　福井・滋賀・三重三県市民活動フォーラムオープニング。日本海、琵琶湖、太平洋の水が今ひとつに。

た。これは『三つのうみ』にちなみ、日本海、琵琶湖、太平洋のそれぞれの「水」を汲んできて、当日の全体会開始時に参加者全員の前で、一つの水瓶に注ぎ、オリンピックの聖火の如く、大会のシンボルにしようということだった。水瓶と注ぐための三つのピッチャーは、再生ガラスで創作ガラス工芸に取り組んでいる彦根市の「ガラス工房エヴァグリーン」に依頼した。そしてこれらのガラス作品を入れる木箱は三重県の木で、三年目の福井大会では、箱を包む包装紙が、福井の越前和紙で作られることになった。まさに三県の文化の融合とでもいえる演出が完成したのだった。

当日、厳かになされた水のセレモニーの後、北川正恭三重県知事に、あいさつを兼ねてミニ講演をしてもらった。三県連携の意義、小さな政府論とＮＰＯへの期待論を巧みな話術で参加者からの笑いを誘いながら披露し、会場は実に明るい雰囲気だった。その後、学びを主とする五つのセミナーと十一の分科会に分かれて大会は順調に進行する。終了後は「じばさん三重」に会場を移し懇親の交流会が開催された。昨年よりまた一段と盛り上がりを見せる会場で、締めくくりのあいさつが済むと、次年度の福井大会での再会を期待し、会は幕を閉じたのだった。

「しずく」から川・海への「流れ」に（第三回・福井県大会）

第三回のフォーラムは、平成十一年十一月七日に、福井県鯖江市の嚮陽会館、鯖江公民館等を会場に開催された。約五百名の参加であった。この大会の実行委員長の田中栄一は「市民独自の自立した新たな『流』に重きを置き、市民活動の交流の創造と活動の深まりをめざそう」と呼びかけた。栗田福井県知事のあいさつの後、さっそく水のセレモニーに移る。その後は「しずくの歌」の合唱だ。三重県大会では南口晶子さんがデザインした「しずく」ちゃんが登場。絵柄に添えられた彼女のコピーは、この福井大会では、音楽プロデューサーをめざして勉強中の米谷肥久馬くんが曲をつけ、「しずく」という歌が完成したのだ。この歌が全体会会場で、手話を交えて大合唱された時にはさすがに感動した。我々はまた、三県が一つになる、そして市民活動の未来を託しえるシンボリックな作品を作りあげたのだった。

多くの成果を得てさらなる発展を

この一連の取り組みで、三県における市民活動の裾野の広さは検証され、またその質の高さが証明された。実行委員会メンバーはもとより参加者全員が、自分たちの存在と活動に自信を持ったと思う。ネットワークも形成されつつある。互いの情報交流、ノウハウの学習は進むことだろう。この種のフォーラムは、我々の取り組み前後に全国各地で取り組まれるようになってきている。しかしどちらかといえば、全国の中では地味な県に属する三県が時代の最先端のテーマで全国発信の大イベントができたこと、かつ国土軸が南北縦断することがますます強まろうとする時に、これに直行する三県の連携強化が県民主体で図られたこと、さらには県民と行政とのパートナーシップで成しえたことなど、得られた成果は多い。三年間のちょうど真ん中の平成十年末にはＮＰＯ法も成立した。今後は、それぞれの活動をさらに充実させていくと同時に、三県の連携の一層よりよい進展と、これにこだわらず、それぞれの県が隣接府県、全国各地、世界と結ばれていくことを願っている。

たすきがけフォーラムレポート

たすきがけフォーラム実行委員長　大平正道

◎取り組みの発端

稲葉前知事が提唱された「新しい淡海文化の創造」は、県民にその理解を広めるとともに参加者相互間および行政との意見交換を行う中で、それぞれの立場での「新しい淡海文化の創造」に向けた取り組みへの機運を醸成し、行動を促すため、各分野の地域づくりのリーダーや団体等の交流を深めていく推進の一環として、淡海文化地方交流会が各県事務所単位で開催されることになり、我々は県と二人三脚で、このことに取り組み始めた。

水口会場では、一九九五年十一月二四日の開催にあたり、甲賀郡内の地域活動家九名により、企画運営を担当することになった。討議を重ねる中、この取り組みを成功させるためには少なくても三年はかかる、そして継続していかなければ何も残らないとの結論に達した。

そこでこの事業も近江商人に学び、一年目は三段跳びで言うホップの年と位置づけ、甲賀郡にはどの様な人材や団体があり、どの様な活動をしているのか、まず初年度「ショーケース」方式に商品が並んでいるのかを見て回るように、お互いに顔見せして（八八団体一二〇名参加）情報の交換等を行った。一九九六年の二年目はステップの年、「食」「環境」「地域づくり」「福祉」の四つのテーマに沿って、甲賀郡内の活動事例を聴きながら、テーマ毎に別れて、お互いの理解を深めた。

しかしながら、三年目の一九九八年には、県の淡海文化地方交流会事業が打ち切りとなった。県の呼びかけから始まった事業ではあったが、事業の意志を引き継いで設立された通称「淡海ネットワークセンター（財団法人淡海文化推進財団）」の協力をえて、当初計画のジャンプの年、この二回の交流会で蓄積した情報や人材、また自らの活動にさらに磨きをかけ、さらなる継続発展のため、近江商人さながら天秤棒を担いで地域の外にでかけることを決意した。そこで、ではどこに出かけようかの討論の中、交流機会の少なかった高島地区に白羽の矢が立った。滋賀県内で地理的に遠く琵琶湖を挟んでたすきがけの交流になる『たすきがけフォーラム』実行委員会が両地区から選出のメンバーにより設立されたのだった。

一九九八年（第一回）には、甲賀地区より高島地区を訪れることになった。詳しくは『たすきがけフォーラム』高島地区実行委員長の谷口浩志君の次節のレポートをお読みいただきたい。

一九九九年（第二回）は高島地区メンバーが甲賀地区を訪れ、お互いの交流をはかった。

詳しくは甲賀地区実行委員長で『たすきがけフォーラム』の名付け親、宮治正男君のレポート（次々節）をお読みいただきたい。

そして二〇〇〇年の第三回は、福井・滋賀・三重三県市民活動フォーラムで知り合った三重県伊賀地区との交流を計画中である。一九九九年には伊賀地区の呼びかけで「市民活動フォーラム伊賀・甲賀の乱」としてすでに交流も始まっており、これは地域的にも高島・甲賀のたすきがけの延長である。

このように淡海文化地方交流会から始まった活動は、『たすきがけフォーラム』として県域をこえて市民活動のネットワークは広がりつつあり、色々な人たちとの交わりは淡海の文化として、さらに輝きを増していくだろう。

◎甲賀郡から高島郡へ

たすきがけフォーラム実行委員会高島郡幹事　谷口浩志

滋賀県の中で、琵琶湖の北西部を占める高島郡と、南東に位置する甲賀郡とは最も遠い位置にあり、これまでほとんど交流がなかったようである。古来、同じ盆地の中であっても、まるで違う文化や人々の暮らしをつくりだしてきた。都からのルートが大津で二つに分かれて北上し、日本海へ出てから北陸、東北へと向かう道と、東海道あるいは中山道をたどって東海、関東、甲信方面へと進む道筋では、そこを通過する物資や文化も違うため、その土地に生まれ、定着するさまざまのものも、違っていて当然なのかもしれない。

高島郡も最北のマキノ町で生まれ育った者として、思い返してみると、甲賀郡は、同じ県内でありながら京都や大阪よりも遠い存在であり、かろうじて信楽焼のたぬきと甲賀忍者の存在くらいは知っているという程度であった。子供の頃に親しんだ、マンガの中の甲賀忍者はいつも悪役ばかりで、地域の印象という意味で大変損をしていたのではないかと思う。

青年会議所という組織での活動を通じて、県内各地域でまちづくりを実践しているグループを知る機会に恵まれ、さまざまな活動に触れたが、中でも甲賀郡は、自治体の数や状況など、高島郡とよく似たところが多く、広域行政エリアのまちづくりという点では、高島より二歩も三歩も進んでいたため、大変興味を持つことになった。

一九九八年の春、淡海ネットワークセンターを通じて、交流会をやらないかという話をしていただき、たかしま六郷塾や、高島青年会議所のメンバーを中心に声をかけて、急遽準備を進めることになった。まずは甲賀郡から高島郡へ来てもらうことになり、高島町の古い町並みや「びれっじ」、新旭町の地酒の蔵元など、主に高島郡の南部を案内し、「ホテル西琵琶湖」(旧厚生年金休暇センター・翠湖苑)で交流会をもったが、大広間に広げられたそれぞれの土地の名産品を前に、まちづくり談義はとどまるところを知らないほどに盛り上がっていった。

甲賀の人たちは、まちづくりを自分たちの手で、それも徹底して楽しくやろうという雰囲気にあふれていたのが大変印象的で、高島郡に比べて、各町の人たちの連携が良いことも目立った。それも、やはり長年続いてきた成果なのかと考え、高島郡での活動に、新たな思いが湧きあがってくるようであった。また、常に新しいことにチャレンジしようという姿勢があり、皆さんが明るくてとても元気で、帰りのバスの中では、また、たいそうな盛り上がりを見せていたということであり、それが一九九九年、二回目へのつながりになったようである。

次は、高島郡から甲賀郡の方へおじゃましようということになり、早速こちらの準備をはじめたのだが、段取り不足で集まりが悪く、高島郡側の盛り上がりに欠けることになったのが、大変残念だった。しかし、それも忍術屋敷やマイスター館などの興味深い場所、催し、心遣いをしていただいて、大変盛会になった。

高島郡でも、まだまだ紹介できなかったところがあり、甲賀郡も土山町や信楽町など、今回は足を運べなかった場所にも、甲賀郡の特徴ある物や場所がたくさんあるので、これからも、遠さをものともせず会いにいけるまちづくりの仲間として交流を続け、今回、前回と参加したメンバー同士が、それぞれの交流を通して、より親密な地域間交流として継続していくよう願っている。

全体として、高島郡の人間の特性なのか、乗りの悪さ、動きの鈍さを感じたこともあるが、一度打ち解ければ熱心な人たちが多いので、きっと楽しい交流が続けられることだろう。最後に、甲賀郡の皆さんは今後三重県など、他の地域との交流を深めていこうと構想を練っておられるようであるが、高島郡としても、一緒に色々な形で交流を続けていければと、期待している。

◎高島郡から甲賀郡へ

たすきがけフォーラム実行委員会甲賀郡幹事　宮治正男

甲賀郡は滋賀の南部に位置し、地域の七〇パーセントを緑豊かな森林が占め、それらを縫って流れる川の周りには恵まれた土地が広がっている。琵琶湖には接していないが、琵琶湖の水源かん養や水質保全にたいへん重要な役割を果たしている。また、古くから交通の要衝として拓けてきていたが、今は道路、鉄道、空港アクセスなどの面から、注目や期待をされているところである。東海道の宿場や謎を秘めた紫香楽宮跡、甲賀流忍術の発祥地、水口の城下町など古い歴史をもち、陶器や薬業など個性ある地場産業が現在にも受け継がれてきている。そして地域のほとんどのところでは、恵まれた自然の中で農林業を基盤として発展を遂げてきた。まさにここで暮らす人々は土地に愛着を持ち、自然とうまく共存して営みを続けてきたのだ。

ところが、水や交通、温暖な気候に恵まれたこの地は、一九六五年ごろから工業団地の造成により工場の進出がはじまり、続いて交通網や住宅地の整備がどんどんと進んだ。農村地域から内陸の工業地、京阪神のベッドタウン地として大きく変貌し、人々の生活は豊かになったが、引き替えに農村・農業のもつ良さや伝承されてきた知恵や技は失われていった。このことに、危機感を抱いた農家の女性たちは、それぞれの町で「暮らしのあり方を見直そう」と生活改善グループを組織し、ネットワーク化を図り、食と農の文化を守り、次代に継承していくため様々な活動を展開していった。甲賀地域は一八四二年の「天保一揆」以降、「甲賀は一つ」という気風が強くなり、農家の女性たちの結束はこの気風を受け継いだものであり、今日では「土」の人たちによる市民活動のひとつとして育ちつつある。

しかし、地域が都市化するとともに新しい文化や生活が吹き込まれ、人々の生活様式にも変化が生じ、市民活動は多種多様のものとなってきた。風のように移り住んだ人と、土（その土地）に生まれ育った人たちが「この指とまれ」方式で集まった信楽町の「風と土の会」や、町に新しい文化を吹き込んだ芸術文化の愛好家がネットワーク化を図った甲南町の「感性開発サロン」などは、住民主導型でまちづくりに取り組む市民活動である。また、工業化が進む町で農家の主婦たちがグループ活動から一歩踏み出し、法人組織化し女性の自立をめざした甲西町の農事組合法人「グリーンファーム香清」や、東海道の町並みを活かし街道文化の情報発信を行う土山町の民芸茶房「うかい屋」などは、地域産業の活性化とまちおこしに寄与するものである。生活様式の変化で山に足を踏み入れなくなったことから、余暇利用で林業の知識や技術を習得しようとサラリーマンたちが集まった甲賀町の「甲賀愛林クラブ」や、地域の歴史を見直し自然を守り育てる立場から、人が山に入る動機付けをするためユニークなイベントを開催する水口町の「飯道山を考える会」などがある。

ところが、お互いに情報の交換を行い、その情報を流通させて共有していくという機会に恵まれなかった。しかし、一九九六年に淡海文化地方交流会が開催されることになり、これがきっかけとなり活動家たちの交流がはじまり、お互いに情報交換などが行われるようになった。さらに、時には角度を替え地域の外から眺めて見るということも大切だということから、遠隔地の高島地域と交流を図ることとなった。初年度は甲賀の活動家たちが高島に出かけ、次の年は銀行の伝統的な建築物を取り壊さず、ギャラリーにリフォームし文化情報の発信地として運営する甲賀町のマイスター館や、新しい風の人たちが中心となって甲南町役場ロビーで運営する文化サロンの活動の様子と、伝統的な文化資源である甲賀流忍術屋敷を見学するという内容で高島地域の人たちを招いた。お昼からは、水口町の「飯道山を考える会」のメンバーが出資し経営する「近江シャモ鍋倶楽部」というこだわりの店で、鍋をつつきながらの交流会となった。考える会の活動取り組みの話を聞いた後、お互いに情報を交換するという場に発展した。高島との交流会も二年目となり、和気藹藹で盛り上がり、再会やさらなる交流へ広がるようお互いに確認がされていた。

じっくり落ち着いた雰囲気の中で、着実に活動が進められている高島郡の活動と、新しい息吹が吹き込みバラエティーに富む甲賀郡の活動が、琵琶湖をはさんでいつまでもお互いに手をとり、切磋琢磨し、滋賀の発展に寄与していけることを願っている。

◆第3章◆

輝きのある地域づくりに挑む

美しい山東《ひと まち くらし》のまちづくり

本稿は、平成九年六月二二日に山東町で開催されたひと・まちネット滋賀第五回交流会での講演録をもとに原稿化したものである。

山東町長　三　山　元　暎

山東町のプロフィール

山東町は面積五三平方キロメートルで、その六〇パーセントが山林、人口は一三四一一人(平成九年六月一日現在)だが、湖北地域では珍しく人口が増加しており、東北部一九町の中では一番大きな町である。高齢化率は一九・七パーセント、三四集落、三六〇〇世帯のうち農家戸数が四四パーセント、専業は八〇世帯となっている。中世の東山道、江戸時代の中山道の宿場町で、東西文化の結節点でもあり、関東・関西の境だから、雑煮の餅が丸と四角に分かれる境の町でもある。国指定の天然記念物として蛍を持つ町は全国で一〇ヵ所あるが、山東町の蛍だけが『特別』天然記念物だ。他にマガモの自然繁殖南限地でもあり、ハリヨやカジカがいるといった特色がある。

そもそも私が町長に就任するきっかけは、平成七年に五五歳で長浜市を退職し寺を守るはずであったところ、推挙されて八月の選挙に出たことから始まる。それまで山東町には寝に帰るだけで、血縁ゼロ、同じ在所の一〇〇世帯と同級生、それに寺仲間だけしか知り合いがなかったようなものだった。

また、前町長は七期二八年、その前の町長が三期一二年と、町制四〇周年を迎える間に二人の町長がいただけだったので、町のことは町長に任せておけばいいという雰囲気があった。「まちづくりは住民・企業・行政が一体となって」という私自身の考えに町の人たち、役場の職員は最初戸惑いを感じたようだったが、現在では住民参画のまちづくりという方向に向いてきたと思っている。

自治体職員の意識改革

まちづくりの主役は住民であり、住民を動かすことがまちづくりであるといっても、自治体の職員が元気でなければそのしくみはできないし、まちづくりもできない。そこで職員には「役所の論理や町長の顔色を見て仕事をするな」「自分の町が好きであること」「町長の考えを聞く前に自分の考えを言え」「愚痴るな」とお願いした。また、最初に「スリッパばきを厳禁。人を迎える仕事の者はきちんとした身だしなみで」「煙草は所定の場所で」「制服廃止。個性のないところに自由な発想はない」「審議会には女性を三〇パーセント以上いれること」「役職は三つまで、七四歳まで」「課長の決裁五万円、助役の決裁五〇万円の引き上げ。権限のないところに責任は育たない」などの改革を断行、職員研修に工場長さんや長浜黒壁専務（現社長）の笹原さん等を講師に迎え、民間の発想を積極的に導入した。

六五歳の世歓式

高齢化率一九・四パーセントは決して悲観することではない。六五歳から七四歳までの人たちこそ町の宝なのだ。なぜなら、この世代の人たちは、年金があって金の心配をすることもなく、手弁当で町に奉仕できる人たちだから。だから、この人たちの戦力化をはかり、まちづくりの応援団にしようと六五歳になった人たちのお祝いの会を始めたのが世歓式の始まりである。九十歳でなおはつらつとしている講師を迎えることができ、それに大いに刺激を受けたのだろう、今ではシルバー青年クラブが結成され、花いっぱい運動などに取り組んでいただいている。

総合計画の策定には皆の議論を

町長になって業務内容をヒアリングしたが、その過程で、職員は日々の業務はきちんとこなし、正常な事務執行を行っているが、各課間の連携や町の将来への考えが弱い、総合計画についての認識がないということに気がついた。これは総合計画が各課から上がってきたものを議論することなくまとめて作られたためであり、職員の知らないものを住民が知るはずもない。このような誰も知らないという状態では行政改革ができないとの思いを念頭に、平成八年度新総合計画の策定に取り組んだ。

庁内にプロジェクトを作り、徹底的な住民参画をはかり、審議会には町計画策定としては初めて大学の先生二人に参加していただいた。小学生や女性などのあらゆる階層を対象にしたワークショップなど、様々な手法で意見を出してもらうと同時に、すべての集落を回り、それぞれに宝物探しと改善すべき点をあげてもらった。審議会の節目ごとに町民フォーラムを開催し、この過程で「ものごとを長期的視点で」「山東町独自の発想を。豊かな自然を守るということも山東町独自の発想」「幅広い視野で考えてほしい」という三つの視点を強調した。

『美しい山《ひと》東《まち》』《くらし》は過去から未来へと

まず総合計画では「美しい山《ひと》東《まち》」《くらし》を将来像とした。なぜなら美しい町には美意識があり、町に深い認識と愛情を持った人びとが住んでいるからだ。都市機能として従来、安全・利便・快適が指摘されてきたが、今やそれに『美』を付け加えることが必要であると感じている。二〇年ほど前、長浜市で小学校の建て替えを行った時案内した京都府立大学の故・吉野正治先生が、道沿いに建つ金融機関などの建物が小学校に背を向けて建っているため、小学校からは何の配慮もない裏側を見ることになるのを「これでは子供の感性が育たない。これを見て育つ子供にはどんな美意識が育つのだろうか」と指摘されたことが忘れられない。

景観・風景は一般住民の営み・努力の結果であり、美しい町並みは歴史や伝統、山東町の先人たちの知恵が蓄積されたものである。中山道柏原宿は町並みが緩やかにカーブしており、アップダウンがあるのだが、これによって町が懐深くゆったりとした豊かさを感じさせ、まがった先に何があるのだろうという夢を抱かせる。一七一一年に中山道に一六〇一本の松を植えたという記録があるが、江戸時代、まだまだ自然が豊かだった時代に、このような木を植えた先人たちの努力に感動を覚える。「美しい山　東《ひと　まち　くらし》」をはこのような先人たちの残したものを再発掘するということでもある。

小学生の服部真梨子さんは未来の山東町を「緑が一杯で鳥や動物、植物、昆虫がたくさん住むまち。ゴミのない、花いっぱいのまち。コオロギのコンサートが聞こえる、季節が感じられるまち」と描いている。

シルバー青年クラブのメンバー達（山東町）

計画の具現化に向けて

計画を具現化するために、まちの職員全員が「環境保全」「若者と女性の参画」「交流・出会いの場づくり」「日本一サービスのよい役場づくり」「情報処理・インターネットの利活用」の五つのプロジェクトチームのいずれかに入り、それぞれテーマに沿って議論を深め、平成九年の秋には成果を町民の前で発表することになっている。

美しい町は住民の『美』に対するものの考え方が基本にあり、長期的に取り組むことができてはじめて達成できると思っている。そこでより広く、より深くまちのことを知ってもらい、美しい山東の担い手になってもらうべく、住民による推進協議会を作りたいと思っている。山東（さんとう）にちなみ、三一〇人の委員による町民フォーラムを開催するなど、情報の共有化を図りながら住民参画のまちづくりを進めていこうと考えている。

（山東町では、総合計画策定後、住民による「わーくわく山東」を結成し、様々なまちづくりに取り組んでいる。事務局記）

朽木村のむらおこし

元朽木村むらおこし公社理事長・元朽木村助役　澤本長久

本稿は、平成八年六月一六日に朽木村で開催されたひと・まちネット滋賀第三回交流会での講演録をもとに原稿化したものである。

閉鎖的な村のままでは衰退

朽木村は昭和三十年の四六六〇人をピークに高度経済成長下で若い人が京阪神地域に出ていき、現在では二六〇〇人の人口になっている。銅山の閉鎖という特殊事情を抱える木之本町と朽木村だけが滋賀県下の過疎自治体となっている。昭和五三年には、第一種専業農家が五八パーセント、第二種兼業農家四〇パーセントであったものが、現在では九〇パーセント強が第二種兼業農家となっており、この農業形態で村が生き残ってきたものの、村全体の勢いがなくなってきていた。

昭和五十年代後半くらいから国道三六七号（上中町～京都烏丸五条）が車で混むようになってきたため、通り抜ける車をなんとかストップさせたいという思いで、昭和五七年、村のインフォメーション・センターとして新本陣を建設した。建設当時は、朱色の壁が派手であったためか「ホテル」と間違われるのではないかという声も聞かれた。

昭和五九年には朝日新聞一〇〇周年を記念して建設された「朝日の森」の人たちと話し合って五月に森林浴朽木フェスティバルを開催した。おかげさまで、平成八年で一三回を迎えている。また昭和五七年にリフト一本でオープンしたスキー場は当初一万人を集める規模だったのだが、そのスキー場を活かして西日本歩くスキーフェスティバルを開催した。ここで、さらに年間を通じて利用できるものを作ろう、閉鎖的な村のままでは衰退の道を辿るしかないとの思いからグリーンパーク想い出の森事業に着手したのである。

想い出の森事業に着手――ヤマメの里をめざして

昭和五八年から三五〇ヘクタールの土地の購入に入った。この土地は、大阪の商社がゴルフ場計画を立てていたところが、オイルショックなどの経済事情の変化、滋賀県のゴルフ場凍結方針のためそのまま放置されていたところだった。二〇数億円という評価の土地を年間予算一二～三億円の村では、とうてい買えないと思っていたのだが、商社の方から「村が真剣に利用してくれるなら四億円で譲ろう」と申し出てくれ、手に入れることができた。しかし村の中には「そんな土地を購入するより住民福祉や道路改良に予算をつけろ」という声が多かったのも事実だが、これに対しては行動していく中で理解が得られるように努力していかなければならないと思った。

昭和五九～六十年の二年間で全体構想を練ったが、そのコンセプトは「可能な限り森を残し、許される限度で木を切らしてもらう」「澄んだ空気を胸一杯、腹一杯に味わってもらおう」「山菜や渓流といった森林資源をいかす」だった。ヤマメは滋賀県に生息しないのに、どうしてヤマメの里センターかというと、渓流の魚の王様といわれるヤマメにあやかろうということで、ヤマメ、イワナ、アマゴの養殖を始めた。

年間利用施設を―土地に無縁のものは効果がない

「想い出の森」は昭和六十から六三年に整備し、六三年にオープンした。オープン当初は五万人を迎えたが、雨が降ったときのキャンセル、春休み・夏休みのシーズン以外の利用がない、リピーターがないといった問題があった。そこでヤマメの里センターの風呂をハーブ湯にしようとしたのだが、薬の山地でもハーブの歴史がある土地でもない朽木ではあまり効果はなかった。

平成元年から三年に温泉掘削を行ったところ、一一七五メートルで二六度の単純アルカリ、二五〇リットル／分の温泉源が得られた。これを利用してみると、一〇人風呂に毎日二百～

三百人が押し寄せるという盛況ぶりだった。そこで平成五年、一六億円をかけて朽木温泉「てんくう」を建設し、平成七年七月二二日にオープンした。五百人／日、年間十万人を想定していたのだが、今月中（平成八年六月）には延べ二六万人になるという盛況ぶりで、連休のピーク時には一日二五〇〇人を記録した。

（平成十年の「グリーンパーク想い出の森」の観光入り込み数は約四一万人を数える。事務局記）

やればできるという雰囲気の芽生え

過疎対策・山村振興など様々な事業をやってきたのだが、何かで成功する人がいると他の人たちが足を引っ張って結局モノにならないということが続いてきた。現在順調に業績をあげている想い出の森事業も「三〇パーセントは国の補助金があるのだからやってもいいだろう、やるならやってみたらいい、失敗しても知らん」といった消極的賛成か、他は無関心か反対という雰囲気の中で始まった。しかし、日曜朝市、商工会での特産品づくりなどを通じて「足を引っ張る」ことから「皆で芽を出すように肥料を与える」ように変わってきたように思う。やればできるという雰囲気が芽生えてきている。

想い出の森は最初村営でやってきたのだが、昭和六三年に財団法人化し、開業当時九人だった職員も、現在では三一名のプロパーとパート・アルバイトを含めて約五〇人が働いており、年間の売上も一億円程度から五億円になってきている。「てんくう」がオープンしての温泉効果はこれからと思って期待しているところである。

元気印のメッセージ

一〇周年だよ　真夏の音楽祭

まなつのコンサートをやりまっせ実行委員会　実行委員長
寺村邦子

毎年一回、夏になると彦根城内の金亀公園で、朝から夜まで一日中演奏されている、不思議な音楽会をごぞんじですか？　出演無料、入場無料、誰でも参加でき、当日飛び入りもできる、この音楽会を主催しているのは『まなつのコンサートやりまっせ実行委員会』という愉快な名の会です。

真夏の日曜日の一日、他にはほとんど使われていない公園の野外ステージで、音楽を楽しむ時間と空間を提供し続けています。これまでの出演者は、三才から九二才まで。色々な楽器を持ち寄って、実に様々な人たちが参加し、演奏者と聴衆が共に楽しんできました。参加者は音楽によって、年齢・性別・国籍などの壁が、簡単に越えられることを体感しました。

まなつのコンサートをやりまっせ実行委員会による「音楽祭」

昨年も今年もラストは「江州音頭」でしたが、社中の人が揃いの浴衣で踊る中、茶髪の若者も、会場ボランティアの学生も、聴衆も共に一つの渦の中で、一体感を持ちました。「真夏の音楽祭」がめざすものは、こういった『場』を創造していくことだと思っています。

私たちの音楽会は、初めからきちんとした企画があったわけではなく、『この指とまれ』方式で、音楽を心から愛し、みんなで楽しもうという呼びかけに共鳴した人たちが集まり、今年（平成十一年）で一〇周年をむかえることができました。

高島町のまちかど、「びれっじ」から

ガリバーアクティブ'95委員会委員長　今西　仁

本稿は、平成十一年九月五日に高島町で開催されたひと・まちネット滋賀第九回交流会での講演録をもとに原稿化したものである。

まずはイベントから

今から一八年前、その当時まちづくりという難しいことは知らなかったのだが、とにかく高島を良くしたいという気持ちがあったように記憶している。その頃、町の誰に聞いても「高島はあかん」「あかん町や」という言葉を耳にした。それなら自分たちの手で町を良くしようではないかという思いの仲間一五人で地域研究会というのをつくった。

ところがテーブルの上でばかり会議をしているとだんだん疲れてくる。どこの団体もそういうことはあるのではないかと思うが、出席者が回を増すごとに減ってきた。そこでイベントをすれば何か変わって、メンバーが燃えるかな、出席が増えるかなと考えた。まず、高島町を町外県外にＰＲするための一つの手段として、高島町に古くからある大溝祭りをダシにして、五基ある曳き山の山車の曳き手を募集するという企画をたてた。たまたま高島町出身の馬場章夫さんという方が大阪の朝のラジオ番組をやっておられるので、お願いして「馬場章夫のふるさとの祭りに参加しよう」というタイトルで呼びかけていただいた。すると一〇〇名ほどのお客さんが来られ、一番最初に納得して帰っていただかなくてはならないということで、飲ませ食わせということでやらせていただいたところ、おかげさまで喜んで帰ってくださった。ところが、経費については全てメンバーで賄ったのだが、イベントでお金が出ていくものだから、実はまたメンバーの出席が減ってしまった。

大溝祭りは歴史のある祭りで、難しいことはわからないが今から三〇〇年くらい前の山車だと聞いているが、活動の二年目にミシガン州から滋賀県に研修に来られている方々を曳き手にお願いをした。ところが大溝祭りは女人禁制の男ばかりの祭りで、町内の女の人も携わらないのに、外国から来られた女の人に曳かせるというのはどういうことかとお叱りを受けた。「神事には首を突っ込まないので曳かせてくれ」とお願いしたが、なかなか納得していただくことは出来なかった。私も曳き山のある町内なので、全ての方を私の山車で引き受けたが、田舎の人間というのは外国の方と話をする機会が無く、小学生中学生は喜んでその方たちに近寄って行って英語で話すという光景がみられた。子供が英語で外国の方と話をするなどということは、高島町では初めてではなかったかと思う。後から聞いたことだが、あとの四基の山車の方たちも、なぜうちの町内の山車も曳いてくれなかったんだとおっしゃっていたらしい。

空き家の再生を

高島町はかなり歴史のあるまちで、古代史の三大騒乱のうちの壬申の乱と恵美押勝の乱があったと聞いている。その後いろいろと町は変わってきているが、最後には分部藩として分部公が伊勢から来られた。奈良の藤ノ木古墳の兄弟古墳といわれている稲荷山古墳や、北方領土を探検した近藤重蔵などが代表的な歴史的遺産で、とても歴史のある町だと思っている。

高島町のスローガンというか基本方針は、とにかく一歩でも早く先頭に立って、新しいこと、困難なことに挑戦する、発想の転換として知恵と工夫を凝らすということなのだが、これは町の方で作られたもので、私たちの頭の中には入っていなかった。

六～七年前から何かしたいという思いを自分なりに持っていた。高島町は万葉の歌が七首ほど歌われていたし、登山客もあり、JR高島駅に降りられる方は数多くあったが、駅周辺には一服していただける所がなかった。そこで、なんとか一服して食事でもしてもらえる場を作りたかった。実は私は「うどん屋」がいいと考えたのが本音だった。

ところが、私の工場の斜め前に古い家があり、いつも掃除をされている方に声をかけたところ、もう解体してしまうと聞く。寂れた商店街だが、これ以上家が無くなっていくと淋しく、またこの不況時ではなかなか次の物も建たないだろうと思い、ご親戚の方を通じて持ち主の方にぜひお貸しいただけないかお願いした。持ち主は、今はもう亡くなられたが、京都大学教授の福井三郎さんという方で、何回か京都までお願いに寄せていただいたところ、高島町のためになることであれば使って下さいとお返事をいただき、使わせていただけるということとなった。

「びれっじ」の誕生

ちょうどその頃商工会で「活性化委員会」が発足し、高島町をどうすればいいかということについて会議で話し合ったり、先進地の視察に出かけたりと、いろいろ勉強をしていたが、これも先程と同じで、机上で考えてばかりでは疲れてしまい、そのうちメンバーから、とにかくいいことばかり言っているのではなく、自分たちでできることをやろうじゃないかという意見が出た。しかし、何から手をつけていいのかわからずにいたところ、たまたま役場の方の知り合いで中島さんと言う大阪から高島町に来られたデザイナーがおられたので、その方と「びれっじ」をどうデザインしていくか話し合っていくことになった。都会の方と田舎の者の意見がなかなか噛み合わず、私は「うどん屋」をしたいと思っていたし、メンバーの中には「日本庭園」がいいという方もおられ、中島さんは「洋風」の方がいいとおっしゃる。

「日本庭園」なら京都にいくらでもあるし、新しく高島に造ったものをわざわざ見にくる人もないだろうし、太刀打ちできるわけもないということで、最初考えていたのとは全く別の考えで進んでいった。

最近では変わってきているようだが、その頃の商工会では営利を目的にする事業はダメだということだったので、任意団体である「ガリバーアクティブ'95委員会」を発足させた。これはメンバー二二名、ほとんどが会社社長ばかりで、なかなか考えがひとつにまとまらず、ここでもいろいろと苦労した。どうしても言っておかなければならないことは、「びれっじ」の整備に関しては一年をかけ、土曜日曜に奉仕作業に出たということで、解体作業からペンキ塗りなど、自らの労働奉仕、つまり手作りで仕上げたということだ。これは自慢できることではないかと思っている。そして奉仕作業の後は鍋をつついて一杯というのが原則だった。そういった中で難しかったことは、会費をとるということだ。簡単に一万円と言っても、これがなかなか難しい。

初年度は五万円の黒字だったが、次年度は赤字になった。こういうまちづくりでは、ひとりでは何もできない、やはり皆でやらなくては何もできないと思ったので、とりあえず三年まで、頑張って引っ張ってきた。皆さんにご迷惑をかけているなと思いながら、今日まで続いている。今は、冬向きにはお客さんも少なくなってくるので、そのへんを何とかクリアでき

びれっじ１号館（高島町）

る方法はないかなと考えているところである。

「びれっじ」のご案内

ここで少し館内の説明をさせていただく。『アイルランド館』というのは高島の物産を、『アイルランド館』はアイルランドの物産をそれぞれ集めたところで、蔵を利用した『アイリッシュパブ』には、ウイスキーの発祥の地はアイルランドだということで、アイルランドのお酒が全て並んでいる。また蔵には『シャムロック』という軽食レストランが営業している。ここは食事処で、当然利益が出るが、一番悲しいのは『たかしま館』でなかなか売上が増えないということで、裏で儲けて表をカバーするというのが現状だ。『たかしま館』では落語会をやったり、野外コンサートをやったりと、年何回かイベントをしているが、一番の問題は館長という立場の人がいないということだ。きちんと管理する人がいることが一番なのだが、皆それぞれ本職があり、「びれっじ」へなかなか顔を出すこともできない。ありがたいことに「びれっじ」も少し有名になってきたのか電話がたくさんかかってくるし、取材にも来られるということで対応にも苦慮しているのが現状である。役場や商工会にも電話がかかるし、「びれっじ」にも直接かかるし、ところがそれが全て私のところにかかってきて、仕事をしている間がないといったことが増えてきて、うれしいことだが、やはりそれでは困るので、なんとか館長をと思っている。

これだけ名が通ってくると「びれっじ」といえば高島ということで、今まで人っ子一人通らなかったようなところに年間二万人くらいの人が訪れることになり、大変ありがたいことだと思っている。「びれっじ」をやることで地域に何らかの波及効果が出ているのではないかなと私は思っている。たとえば、今度は商工会青年部を中心とした若いメンバーが二号館として染色工房そして私がやろうと思っていたうどんを始めたところ、昼も夜も満員という。二号館では各種の染色体験ができるが、体験は、一度来られると一時間二時間かかるし、その間にお昼を食べられたり、コーヒーでも飲んで休憩されることもあり、またぶらぶらと散策されることもある。そして三号館は障害者のボランティアをされている方たちで、障害者の方々が織られた「さおり織」をショールやカバンなどの作品にして販売されており、四号館はキャンドル館ということでオープンした。なぜキャンドルなのかというと、城下町は職人や商人がいて、それが町の名前に使われていたりするが、たまたま「ろうそく町」があり、多分ろうそく職人がいたのではないかなと思い、「ろうそく町」があるからキャンドルにしようじゃないかということになった。まだ世界中のキャンドルというわけにはいかないが、今度関係者が、アイルランドに行かれるということなので、アイルランドのキャンドルを買ってこられることになっている。

さらに五号館、六号館へ

商工会は今までは、ただ小売店の指導という形だけだったが、今は商工会もまちづくりの一役を担うということが一番変わりつつあることで、実は高島町が大きく変わったということのひとつであると思う。「びれっじ」については、いろいろと皆さんにご協力いただきながら今日までやってきているが、古い文化と新しい文化が交わる高島町にしたいなと思っている。本当に「まちづくり」「ひとづくり」は難しく、この難しさをどう表現したらいいのか分からないし、今までやってきたことが本当に「まちづくり」なのか、「ひとづくり」なのかということが自分なりに分っていない。しかしとにかく何でもいいから前に進んで、長く続けられればいいだろうと、「びれっじ」も五号館、六号館とやっていこうと考えているし、そうやって高島町を変えていければいいなと思っている。

商店街は生きている

本稿は、平成十二年二月二六日に大津市ナカマチ商店街実験空間ウィズＹＵＫＩで開催されたひと・まちネット滋賀第十回交流会での講演録をもとに原稿化したものである。

ナカマチ商店街　笠川雄司

ナカマチ商店街のイベント

ナカマチは、長等・菱屋・丸屋の三つの商店街でできていて、会員数は現在一一四である。イベントとしては、平成十年度に杉本洋子さんの報告（Ｐ162）にある「アーケードアーツIN中町」をはじめ、大津絵の藤娘や太夫に扮し練り歩いた「大津絵大行列」、また行燈に大津絵をはって商店街に並べる「大津絵あかり」や、ワークショップを開いてナカマチのこれからを市民が話し合うイベントなどを行ってきた。平成十一年度は十月九、十日に行われる大津祭をアレンジし、大津祭囃子コンテストを行った。また大津祭を一ヶ月楽しむ会を作ったりして、長く楽しめないかと模索している。「わが町の鍋自慢」も好評で、商店街の真ん中で、子どもからお年寄りまで約四〇〇人が参加し、大変賑やかだった。その際食材は商店街から調達してもらい、外国人のチームでは足らない食材があったりしたが、だいたいは対応できていた。その他にもいろいろなイベントをしていただいたおかげで、空き店舗も埋まってきている。

商店街の課題

空き家となった家主の中には、店を閉めたままで申し訳ないと思っているところが多いようだ。イベントで空き店舗が開かれたときに、やはり誰かが店の様子を見ておられるのか、買いたいという声が何件か聞かれ、私どものような者が間に入るとワンクッションとなって家主も信用していただいて貸してもらえるようで、その結果、店が開き、つながってきたようだ。

ナカマチも経営者の高齢化や後継者離れといった問題や、外商を中心としている店も多く、イベントをやっても日曜日が休みの店も多く、なかなか一緒にやっていけなかった。けれどイベントの成果か、だいぶ考え方が変わってきており、外に店を出してもこのナカマチに店があるということが、安心につながっているということが皆わかってきたようだ。

商店街の店のほとんどは、借金していない。行政からの補助金にしても、取り慣れているところもあり、商店街として一緒にやろうという気運になりにくいのが課題だ。

私のやりたいこと

いろんな人が入ってやるのが面白いと思うので、商店街の組織にこだわりたくない。またお寺を開放し、それを生かした活動もしてみたい。若者、いい意味でのバカもの（商店街をかき回していただける方）大歓迎である。いろんな人が集まってやっていただいて、ナカマチを面白くしたいと思っている。

地域振興策としての観光振興

岐阜女子大学文学部観光文化学科　井口　貢

観光の真意、そしてまちづくりと観光

今、〝観光〟が改めて注目され始めている。[1] 例えば、昨年度の我が国の観光産業の生産額はおよそ二〇兆円、関連産業への波及を視野に入れてこれを捉えると、二五兆円となり、GDPの五％に及ぶ。そして、観光関係の雇用者数は二〇〇万人という。観光が二十一世紀の基幹産業として期待されている所以でもある。

そこで、私たちが確認しなければならないことは、〝観光〟という言葉がもつ真意である。長浜恒例の、秋のきもの大園遊会のときだったと思う。黒壁スクエアの笹原司朗氏と話をしていた際に、彼が何気なく「黒壁に観光客は来てほしくない」と口にしたのを憶えている。振り袖姿の若い女性が、ソフトクリームを舐めながら黒壁スクエアを闊歩する姿をあちらこちらで散見することができた。

笹原氏のパラドキシカルな言葉の裏には、〝観光〟を本来の意義で捉えることができない

人々への警鐘が含意されていたのだろうと思う。

周知のことではあるが、〃観光〃という言葉は、中国の古典『易経』のなかの一節「国の光を観るは、もって王に賓たるによろし」にその語源を求めることができる。光とは、一国のあるいは一地域の固有価値としてのかけがえのない文化を意味している。

観光に関わるコンセプトは、まちづくりのそれと通底していなければならないと私はあるところで述べたことがある。(2)

すなわち、まちづくりとは市民自らが生活する地域で、自らのために主体的にアメニティの向上を求めて立ち上がり、時に応じて産・官・学との間で調和のとれた協同関係を保ちながら実践し、より良きそして快適な居住空間をハードとソフトの両面から獲得していくことにその醍醐味がある。そしてこの活動においては、広義の地域環境(3)に厚い配慮が払われ、市民の矜持やコミュニティの力が、あるいは地域のエートス(4)が高まっていかなければならない。

観光という語を真意で捉えたとき、まさに右記のまちづくりの定義と通じていく部分が少なくないのではないだろうか。例えば、特定の街には何故リピーターが多いのかを考えてみたい。我が国で最もリピーターが多い街は、東京（東京ディズニーランドを背後に控えていることも一因）であるということに恐らく異論はないだろうが、東京問題はとりあえず保留をし、俗に〃小京都〃と呼ばれている古い街、伝統文化都市に比較的多くのリピーターが集

中している。(本家本元の京都、奈良、金沢、高山、本県では長浜など)

その理由は多様なものがあるだろうが、ひとつにこれらの街に共通したものとして、地域住民の〝くらし〟を見出すことができるからではないだろうか。

地域振興と常在観光

〝くらし〟がみえるとはどういうことなのだろうか。概して、右記のような伝統文化都市は、他者に対して排他的であるといわれる。その当否はともかくとして、このような街には、自己の生活を頑と守ろうとする姿勢や、それをサポートするコミュニティの力がしばしば漂泊者である観光客を驚嘆させる。言葉を換えれば、観光地といわれる街でありながら、観光客には決しておもねないという一線を矜持として有しているのである。

これが、観光者(薄っぺらな〝観光客〟—どう転んでもリピーターとはなり得えない—との差異化を意図して、敢えてこういう表現を採りたい。)の共感を呼び、高度経済成長期以降、ムラ社会の解体のなかで、喪失されていったコミュニティの復活の可能性を彼らに感じさせ、ここに暮らしてみたいという憧憬が、リピーターあるいは〝疑似市民〟を創出しているのではないだろうか。

観光地は敢えてつくる必要はないのである。市民が市民のために、自らの手・コミュニティの力で、より良きアメニティの獲得を目指した地域振興を行えば、自ずと観光者を引き付けることができるはずである。

ポスト・フォーディズム社会といわれる今日の文脈のなかで、大量の観光客のみを当て込み、地域住民の快適性に目をつぶったキッチュなハコモノ施設をつくっても、当の観光客すら来てくれないだろう。

そこで、〝常在観光〟という言葉を想起したい。吉行淳之介は、『街角の煙草屋までの旅』というエッセー集を残しているが、まさにこれである。どの街にも紡ぎ出され積み重ねられてきた何気ないような伝統文化や生活文化がある。その文化を観るということが、右記のような観光の本義であるならば、常在観光（どの街にも観光の素材は存在する。）こそが、観光の原点である。このような素材を発掘し、ブラッシュアップし、地域内外に情報発信していこうとする行為――地域振興における重要な行為――は、まさに常在観光に光を当てるものであるといえよう。

従って、観光振興は地域振興と表裏一体のものであることを前提に、地域文化政策を推進していくうえで、先ずこの〝常在観光〟という概念を念頭に置きながら作業に着手すべきであろう。

【注】

(1) 観光学では〝老舗〟の立教大学が、社会学部から観光学部を独立させたのをはじめここ数年、ようやく我が国の大学の世界でも〝観光〟を研究する学部・学科が生まれつつある。

(2) 井口「脱開発の時代のアーバンリゾートと街並みの保存」『日本都市学会年報』(VOL. 32) 所収　一九九九年　四一〜五〇頁

(3) これについての定義は、拙著『文化経済学の視座と地域再創造の諸相』(学文社一九九八年　六〇頁)の記述を参照されたい。

(4) これについては、井口「旧城下町の文化開発」(黒川威人編『ポプラール・金沢』所収　前田印刷出版部　一九九六年　二三一〜二六八頁)のなかで、〝金沢―高岡、彦根―長浜〟を比較の座標軸に据えながら論じているので、参照されたい。

近江八幡秀次倶楽部の誕生と活動

秀次倶楽部　主宰　高木茂子

お次の番は、何をしたらいいのでしょう

一九七〇年頃から「まちづくり」の言葉がブームのように使われている。高度経済成長は日本全国どこでも似たような開発が進められ、豊かで便利な生活を手に入れることが出来た。しかし、失うものも多い事で、自分たちの住んでいる「まち」のあり方を考えなければ、意味のないことに気づき、住民運動が起こりはじめた。近江八幡でも八幡堀の再生や町並み保存の修景への取り組みが、青年会議所を中心に進められた。住民の関心も高まり、自ら、その保存や再生に取り組んだのである。

行政に対する様々な意義を申し立て、行政に対する反対運動を行ったのが、大きな住民パワーとなり、最終的には官民一体となって現在の八幡堀や町並みが残ったのだ。その背景には地域を愛する心を育てること、隣人とのつながりをもつ事の大切さを学んだまちづくりであったと思う。二〇〇〇年を迎えたこのまちは、本当にこの三十年間に多くの市民の力が見

られる町に生まれ変わった。

「まちづくり」という言葉が新鮮であった時代から、「町おこし」、「村おこし」がブームとなり、「ふるさと創生一億円事業」が火をつけたのか、さらに日本全土でまちづくりが盛んになった。気づきの時代からバトンタッチされ、継続させる事の努力の時代となってきた。近江八幡で先人の築いた八幡堀や町並みを保存する事は、開町の祖、豊臣秀次を顕彰することでもある。自然・歴史・文化、すべてが近江八幡にはあり、その事の誇りと、いかに守って次へ引き継ぐかという事を自覚するきっかけが出来、物から心の時代へと移った。再度、量より質の良さを学び、今再び考える時代となったのではないだろうか。

ここで秀次倶楽部の登場である。私達に出来ることは何だろう。何をしたらいいのだろう。保存運動のきっかけになった八幡堀や町並みは、豊臣秀次が開町した町のシンボルである。だが残念なことに近江八幡の開町の祖、豊臣秀次の人物や業績に対する評価は一般的に良くない。摂正関白が殺生関白などと言われ悪いイメージが強いが、近江八幡においては理想的なまちづくりを目指しており、現在残された町や掟書などを見る限り悪い人ではない。文人であったことは歴史的に証明されており、歴史の背景に隠された何かがあるのだろう。

天下人であった秀吉の甥で関白職までなった秀次が、市民にも知名度は低く、あまり歴史的な事も知らされていないように思われ、「近江八幡のルーツをもっと知ろう、探ってみよう」と、平成六年に「秀次倶楽部」が結成されたのだった。

近江八幡のお殿様はまちづくりの元祖

歴史の中で、自分の郷土の開祖が汚名を着せられていたら、そこに今住んでいる者たちはいい気持ちはしない。近江八幡の開町の祖、豊臣秀次は、秀吉の姉の子、つまり秀吉の甥である。秀次は秀吉から関白の称号を与えられ、秀吉の後継者となった。しかし、秀吉に秀頼が生まれると、秀次はたちまち疎んじられてしまい、ついには謀反の嫌疑で高野山に追放され切腹させられるのである。まさに悲運の青年大名であった。しかし、秀次にとって、八幡は情熱を注いだ城下町だったと思う。

「行政・企業・民間」のパートナーシップが今や新しい自治の方向となっているが、秀次は町民本位のまちづくりをして、「八幡山下町中掟書十三ヵ条」（はちまんやましたちょうちゅうおきてがき）を公布し、自らの町を自ら発展させることを導いている。

・その一：この町はフリーマーケット。町民は使役を免除する。

・その二：近江を行き来する商人は八幡で宿泊し、湖上を通る船も必ず八幡堀に入って下さい。

・その三：町民は公の命令で工事も荷物運びもしなくてよろしい。そのかわり、自分達の町は、自分達でしっかり守ろう。

・その四．火事をおこした者はその原因をよく調べた上で町から出て行ってもらう。
・その五．罪を犯した者は本人だけを罰し、家族や隣人は連帯責任をとらなくてもよろしい。
・その六．盗難品を知らずに買った人は無罪である。泥棒を捕まえたら物品は持ち主に返す。
・その七．当町で米や銭を借りて徳政令が出てもこの町ではなかった事にはできない。
・その八．安土城落城の時の貸借りは時効とするが、証文等がある場合は従う。
・その九．町の中で乱暴なこと（けんかや押し売りなど）は絶対やめて下さい。
・その十．悪い事をした町民は町奉行が取り調べ、事情が明かでない時はむやみに処罰しない。
・その十一．「町人は使役を免除」というのは商人に限らず職人も奉公人も含む。
・その十二．蒲生・神崎・野洲においての馬の売買は必ずこの博労町で行って下さい。
・その十三．八幡町の近村で商売をする者は、この町に引っ越して店や市を開いて下さい。
（秀次倶楽部なりの解釈で、歴史、学術的に詳しい事は市立資料館へお問い合わせ下さい）

これは、安土城を築いた織田信長の掟書をモデルにしており、豊臣秀吉の力によって近江四十三万石が与えられ、秀次は八幡山城を築いたのである。信長が本能寺の変で討たれてから、安土城下もなくなり、町民達を八幡に移す事で安土町民を救うことが出来た。安土城下や京の都をモデルに多様なノウハウをもって、秀次独自の新しい都市計画がなされている。

戦国時代の終わりとはいえ、迷路化した戦う町をつくるのが本位であるのに、碁盤の目に縦十二筋、横四筋（一部六筋）、もし戦いが起きた時の為にお寺がその砦となるような仕組がなされていたようである。現在残っている砦であったであろうお寺には、堀割が多く残っている。

その二は、近江八幡を通過する商人、旅人は八幡で宿泊し、船は八幡堀に寄ることを決めている。ここに現代でも一番必要とされている、情報の収集を行って、町の発展の為になるようにしている。まさに八幡堀は、四百年の情報収集ルーツの証であり、八幡商人が活躍するための、大きな足がかりであったようだ。

「秀次倶楽部」は、イラストレーターやコピーライター、グラフィックデザイナーなどのメンバーで出発したので、まず取り組んだのは、子供達にも親しんでもらえるように、近江八幡歴史まんが「豊臣秀次」の発行である。そのために、いろいろな方に教えて頂くことも多くあり、一年間は資料収集に費やした。近江八幡の礎を築いた秀次の生涯を描き、理想にあふれた平和主義者・文化人である豊臣秀次をわかりやすく紹介していくことを目標に、活動を続けている。（少しかっこよく秀次が書かれている）

たまたま、平成八年ＮＨＫで大河ドラマ秀吉が始まった。秀次が登場することは確実で、どのようなイメージで登場するのであろうか。近江の文化、歴史を学ぶ「喜兵衛塾」を開催

読者も増え、町全体のマップや絵はがきなどを制作して、少しづつ幅広く、アピールできるようになった。

しており、当時「秀次」をテーマに勉強会をしていた。青年会議所や、秀次倶楽部のメンバーも多数参加しており、秀次の名誉回復を訴え近江八幡のイメージが悪くならないように、街頭での署名集めや、秀次の功績を記した嘆願書をＮＨＫのプロデューサーに提出するなどの活動を塾のメンバーや市民の皆さんと共に行った。

　また、現在、定期的に情報誌「八幡瓦版灰灰（ほのぼの）通信」の発行も行っている。市民の間に広く秀次の歴史を知ってもらうとともに、魅力と活力のあるまちづくりを目指した秀次の〝心〟を受け継ごうというのがねらいである。なによりも町のコミュニティ、人と人の心をつなげる事を考えている。瓦版は年四回発行で、四年目を迎えている。

「秀次のまちづくりに学ぶ連絡会」の結成

「秀次倶楽部」は「秀次のまちづくりに学ぶ連絡会」の事務局としての活動も行っている。大河ドラマが盛んな時に「秀次フォーラム」が官民一体で開かれ、その実行委員が、「秀次のまちづくりに学ぶ連絡会」となって、結成されたのである。秀次にかかわる行事、勉強会を行う時は互いに連絡しあって活動を行っている。平成九年に「秀次談義」を開催し、秀吉側によって史実がねじ曲げられて歴史が伝えられている事などの興味深い談義がなされた。秀次談義を通じ、私は生涯忘れることのない感動を、多くの人々から頂いた。「続・秀次談義」を開催できることを夢みている。また大和郡山や高野山など秀次に関わりの深い地を訪れ、寺院の参拝や見学を行ったり、研修をしている。

地域の各団体の協力を得て、連携をとりながら秀次に関する情報交換・顕彰につとめている。日本でひとつしかない魅力ある町になるよう、一番ではなく、住んでいる者が自慢したくなる町、誇りをもてる町で、民の力がうまく使える町になってほしいと思っている。秀次倶楽部で出来ることは主に情報収集である。秀次をアピールする事に心がけて自ら実践しているので、寄稿等の依頼があったら、長々と文章が続くことをお許しいただきたい。いつか歴史が変わるくらいの情報が発信できる事を夢みている。

何故「ヨーロピアン」なのか？

地域計画建築研究所　京都事務所　山口繁雄

「ヨーロッパ風」拠点づくりは疑問

滋賀県では、みなさんご承知のとおり、「新・湖国ストーリー二〇一〇」を策定し、「新しい淡海文化の創造」を基本理念とした県土づくりを展開している。

滋賀県下の各市町村では、そうした長期計画にも関連して、地域振興や地域活性化に積極的に取り組んでいるかと思う。全国的にも有名になった長浜市の「黒壁」を中心とするまちづくりや高月町の雨森芳州を核としたまちづくり等は、特筆に値するかと思う。

そうした中で、少し気に掛かることが起こっている。それは、個性あるまちづくりを進めようとする余り、「少々行き過ぎではないか」と思われる取り組みが行われていることだ。その代表的なものが「ヨーロッパ風」の拠点施設づくりである。例として取り上げるのは多少気が引けるが、湖東地域の「あいとうマーガレットステーション」や「アグリパーク竜王」、湖西地域の「ガリバー青少年旅行村」や「風車と花菖蒲のまちづくり」等々である。

我が国では、一時テーマパークづくりが盛んで、集客力を高めるための個性化を図るために、基本コンセプトを海外、特に欧米に求め、「長崎オランダ村〜ハウステンボス」「東京ディズニーランド」「パルケエスパーニャ」等がつくられ、最近でも大阪で「ユニバーサルスタジオ」が整備されようとしている。

確かにテーマパークは、個性で客を呼ぶ必要性が高いことから、日本とは文化が際立って異なる欧米にその特色を求めるのは分かるのだが、ここまでくるとその創造性の無さが気にかかって仕方がない。まして、まちづくりでは、そこに住む人々の生活や文化を豊かにしていくことが求められる筈であり、それが欧米の模倣というのでは、少々情けなくなるのは私だけだろうか。

振り返って考えてみると、我が国は、明治期に欧米の進んだ文化・文明に圧倒され、猛烈な勢いで「欧米模倣型近代化」に邁進してきた。その結果、確かに生活や文化も「近代化」し、少なくとも物質的には豊かになり、成熟化段階を迎えることができたかと思う。しかし、成熟化というのは換言すれば「行き詰まった」ということであり、その証拠に、近年では「物質的豊かさ」に加えて「精神的豊かさ」の追求を大事にという掛け声の基に「新しい国づくりの方向の模索」が始められている。

「文化」が国をつくる時代に

この新しい国づくりを計画化した「新しい国土総合開発計画（二十一世紀の国土のグランドデザイン）」の中で、そのことが明確に示されている。その一つは、本来「第五次国土総合開発計画」と呼ぶべき計画をわざわざ避けて「新しい国土総合開発計画」と呼んでいる点である。これは、従来の延長線上に新しい国土像を描くことができなくなった、あるいは意味がなくなったことを表している。また、従来の第四次までの計画が「産業経済」を柱にしてきたのに対して、今回の新しい計画は初めて「文化」を柱にしてつくられたことも特筆に値するかと思う。（これらのことは、計画部会長の伊藤滋・慶応大学教授が、明言している。）

つまり、換言すれば、「文化」が国をつくる時代が到来した、といえるのではないだろうか。そうなると、我が国もそろそろ「欧米の模倣の時代」を卒業して、独自の文化を創造し、世界の人々の生活と文化を豊かに発展させていくために一役買う、少なくともそれになにがしかのヒントを提供していける、そのような役割を果たす国づくりを行っていく必要があるのではないだろうか。つまり、「文化創造型の国づくり」、これが我が国に求められているように思う。

特に、我が国は、東洋文化をベースにして欧米文化を積極的に取り入れ、極めて特殊な文化をつくり上げてきているかと思う。このような国は、世界広しといえども、我が国を除いては他にない。西欧文化が成熟化しつつある状況の中で、東洋文化と西欧文化を融合させて、新しい世界文化を創造的に発展させていく、そのような役割を我が国は果たしていく責務があるのではないか、と私には思えてならない。

このことは、国にだけ責任があって、地方の問題ではないとお考えの方もいるかも知れない。しかし、多様な文化の創造はむしろ地方でなければ創み出せないのではないか、特に東京は西欧型近代化を牽引してきた首都であるために、それから脱して東洋文化と西欧文化を融合させて新しい文化を創造することを望むのは難しいのではないか、と私は考えている。東洋文化をベースに再度新しい文化創造をというなら、むしろ関西の方が、その役割を担うのにふさわしい条件を備えているのではないかとも思う。

このように考えてくると、「新しい淡海文化の創造」を掲げた滋賀県内で、前述のような「欧米文化模倣型」というか、「欧米文化借用型」というか、何かそのような感じを受けるまちづくりが一部で進められてきた、ということは如何なものだったのだろうか。少なくとも私は疑問を持たざるを得なかったし、残念にも思った。「淡海文化」は、この程度のもんじゃねえという感じである。皆さんは如何お考えなのだろうか。

できることなら、今後は、これまでの取り組みを反面教師にして、これこそが「世界に通用する新しい淡海文化」だというものを、皆さんと模索していきたいものだと考えているところである。

コミュニティづくりを追いかけて

㈶滋賀総合研究所　秦　憲志

私たちの生活の場である地域を豊かにするコミュニティづくりは、日頃の活動を基本としながら、多くの人が関心を持って関われる場面をつくり、いかに継続した取り組みを行っていくかが、常に、問われている。

防災や安全、良好な地域環境の維持、人とひとのふれあいと助け合い、子育てや人づくり、地域課題の解決などの面で、コミュニティの重要性はよく理解されているが、今日の社会状況からコミュニティへの期待が一層、高まっている。また、分権型社会への対応や市民活動との連携といった新たな課題も出てきている。

このような課題を受け、コミュニティづくりの新しい方向はどのようなものになるのであろうか、まずは滋賀のコミュニティ活動の現状をみながら、考えてみたいと思う。

生活の楽しみを広げるコミュニティの活動

ＪＲ守山駅の南、浮気自治会は住民のふれあい・交流活動が活発なところで知られている。炭焼き釜をつくって炭を焼く、お餅つきを臼づくりから取り組む、陶芸窯をつくって陶器を焼く、ハリヨの保存に取り組む等々、自治会活動を中心に多くのサークル的活動が生まれ、双方の力がうまく合わさってコミュニティづくりが行われている。戦前までは戸数三十～四十戸の農村集落であったが、交通が便利になるにつれて住宅開発が進み、マンション等も増え、今では五百五十世帯を超えるまでになっている。そんな新旧混在の大規模自治会だから、住民のふれあいの場をつくることを大切にしているのである。

浮気町では、森林組合と契約し山の手入れをするかわりに木を分けてもらい、炭をつくり、椎茸をつくっている。山行きと称して、山の手入れをすることがみんなのレクリエーションになると言う。自然と人とが直接関わることが少なくなっている今日、多くの人は生活の中で、自然との関わりを欲している。そんな活動の場を、浮気町では自治会が提供している。

住民の出会いとふれあいの場を多くつくり、ちょっとした試みによって住民の力を自然な形で引き出せるよう知恵を働かせる。そうした遊び心が、コミュニティの活動をより生き生きとしたものにし、生活の楽しみを広げているのである。

いる。

活動の広がりと自主的な活動グループとの連携

浮気町だけでなく県内の多くの地域でコミュニティづくりのユニークな活動が進められている。

平成十二年二月、滋賀県主催で、コミュニティの未来を考える「まちづくりフォーラム」が開催された。フォーラムでは、特産品づくりとして「そばづくり」に取り組んでいる集落や、青少年が自ら提案や計画を行い、地域の人々とともにまちづくりに取り組んでいる区。「もちつもたれつ活動」によって住民が安心して暮らせる地域づくりを進めている集落。インターネットのホームページでまちの歴史や行事、まちづくり活動などを紹介している自治会。大正時代から村の青年団を中心に行われていた「村芝居」を数十年ぶりに復活させて、生きがいづくりやふれあいの場づくりにつなげている自治会等々の活動が紹介され、枠にとらわれない活動の広がりや、ひとつの活動をきっかけに次々に新たな課題にチャレンジし、総合的な取り組みに発展してきている様子などが確認できたのである。

また、そうした活発な活動を行っている地域では、継続した取り組みができるよう、近年、有志によって「まちづくり委員会等」のまちづくりの推進グループが結成され、自治会等の組織とうまく連携して、まちづくりに取り組んでいることが注目されている。自治会等のコミュニティ活動実態調査（平成十年七月　滋賀県実施）によれば、「まちづくり委員会等」が結成されているのは二五・八％と、全体の四分の一にのぼっている。

一方、自治会活動を行っていく上で問題となっていることは、同調査によれば、「リーダーに負担が集中しすぎる」が六一・七％と最も高く、一部の人に過度の負担がかからないよう、コミュニティ活動の核となるメンバーやグループが協力しあえる運営のしくみづくりが重要になっている。

地域をベースにした連携とネットワークづくり

これからの地域社会を展望すると、少子高齢化の進行や環境問題への対応、地域産業の活性化などの課題とともに、地域で発生する問題は多様化、複合化しており、地域の状況に応じた独自の取り組みが必要になっている。

介護等の地域福祉サービスをどう提供するのか、農業や地域の産業をどう育てるのか、子育て、教育、文化芸術活動を地域としてどう取り組むか、環境に負荷をかけない生活の実践や地域での自然エネルギーの利用等々、活動テーマは多岐にわたっており、各々の地域で異なる分野のグループが連携したり横のネットワークを持ちながら地域課題に総合的に取り組むことが求められている。

このような取り組みを行うコミュニティの地域エリアとしてはどのような単位が望ましいのか。もちろん、地域の状況により一律には考えられないが、多くの人が関われる場面があり、また外部とスムーズに交流が図れるといったことが重要な要素になってくると考えられる。そのためには、これまでの自治会等の範囲だけでなく、より広い地域におけるコミュニティづくりの新たな進め方が模索される段階になってきている。全国的には、いくつかの地域で小学校区等を基本にしたコミュニティづくりについて検討が始まっており、今後さらに広がっていくものと思われる。

小学校区等のレベルで新しい住民自治のしくみを形づくることは、住民にとって相当な力量が試されるものだと予想される。しかし、既にみたように住民活動の機は熟してきており、自治会等の既存の自治組織と様々な活動グループが連携、ネットワークすることによって、新たなスタイルが生まれてくるのではないだろうか。

元気印のメッセージ

HOWDY！ ブルーグラス音楽

米原ブルーグラス愛好会 津田敏之

ブルーグラス音楽は、バンジョー、マンドリン、ギター、フィドル（バイオリンのこと）、ウッドベースといった弦楽器を使って演奏される、アメリカ生まれの音楽です。

米原ブルーグラス愛好会は昭和五七年十月に、県内のブルーグラス愛好者たちによって結成され、この年に完成した米原町中央公民館を拠点に活動しています。愛好会に集うバンドに、サウンズ・オブ・リョウゼン、エリア・コード45、ピッキン・パーティ、ハード・ワーキング・ストリングバンドなどがあり、毎年秋に開催する愛好会の定期コンサートをはじめ、湖東町へムスロイド村まつり、八日市二五八祭、長浜ツーデーマーチなど県内の各種イベントにも出演しています。

愛好会の活動は、一八回を数えた秋の定期コンサートや毎月第三土曜日の例会に加え、岐阜県上石津町でのマウンテンタイム・フェスティバルや、ブルーグラス・キャンプ・イン滋賀の開催にも深く関わっています。

日本ではまだ愛好家が少なく残念ですが、ブルーグラス音楽は一九七〇年代頃から大学キャンパスなどを中心に急速に広まり、全国各地にサークルが結成されています。滋賀県内でもたくさんの方にブルーグラス音楽に触れていただき、愛好家が多くなればと願って活動しています。

◆第4章◆

文化が脈打つまちを創る

文化の見えるまちづくりネットワークの活動から見えてきたもの

文化の見えるまちづくりネットワーク　東野昌子

「文化の見えるまち」とは

文化の見えるまちづくりネットワークは、一九九四年一月、講師に北海道大学教授森啓氏を迎えて、文化講演会「文化ホールがまちをつくる」を開催したことをきっかけに生まれた。会に参画しているのは、演奏家や建築家そして映画やお芝居などの鑑賞団体や芸術・文化に関心のある人たちで、それぞれ自分達の活動の場をもっているので大変ゆるやかな会である。これまでの主な活動は、文化講座や講演会を開催したり、年間三〜四回機関紙を発行し、定例サロンを開いて会員の交流をはかっている。また県外のネットワークによる情報収集やフォーラムに参加したりして、全国的な視野をもつことに努めている。

私たちがめざしている「文化の見えるまち」とは、人間らしい感性の豊かさを生かせることのできる地域社会であり、次々と忘れ去られていった伝統や習慣あるいは芸能などを見直し新しい文化的な喜びをもたらすものを創造し、人々がそこに住んでいることを誇りに思える「まち」である。

とくに芸術や芸能は、人間の感性や創造性を育てより豊かな人間社会を築く高度で温もりのある営みであり、それが人々の生活の中にいきわたっていくことが、文化の見えるまちづくりに欠くことのできないものと考えている。

そして、文化施設こそ、それらの実現への核となるものとして、その充実、活性化をめざしてささやかながら活動している。

まちづくり研究活動を実施して

一九九七年六月、㈶滋賀総合研究所による平成九年度「まちづくり研究活動」の募集があり応募したところ、奨励団体の一団体に加えられ調査研究をすることになった。かねてから、多大な費用を投じて建設された文化ホールの存在価値に対して、行政の側も住民の側もどのような認識をもっているのか、疑問を抱いていた。一つの表れとして、施設概要のみの地味な案内パンフレットで、ほとんどアピール性に欠けている（最近はいいものもある）ことである。ハード面もソフト面も「文化ホールここにあり」と自己主張してほしい、という気持ちと「文化ホールがそのまちの人々にとってどうなのか、まちづくりに役立っているのかどうか」を念頭におきながら、まちと文化ホールの関係を明らかにしていくことにした。

そこで研究テーマは「『文化ホールとまちづくり』文化振興に役立つ情報パンフレットの作成」とした。実態の掌握についてはヒアリング調査を行い、県内の施設のうち県立二館、市立二館、町立六館と地域八件を実施し、合わせて文化ホールを中心にしたまちのイラストマップづくりのため「まち探検」をした。芸術文化によるまちづくりの典型として、石川県中島町の「能登演劇堂」をとりあげることにして、館長であり教育長の宮下勲氏の講演会「能登演劇堂発　まちづくり」を開催した。

文化ホールとまちづくりの連動化を

こうした活動を整理、検討、考慮してまとめたのであるが、現状としては「文化ホールとまちづくり活動は連動していない」という結論だった。

文化ホールの役割を、そのまちの住民の要望を掘り起こすことなく、貸し館事業と鑑賞型事業でよしとは考えていなくても、それしかできないと見限っているとしたら、大変残念なことである。文化ホールという箱を人々の知恵と工夫のいっぱいつまった宝の箱にすることによってそのまちは活性化する。そのことを人口八千人の町、中島町を実際に訪ねてみて、「能登演劇堂」に学ぶことができた。

一九八〇年頃から次々と公立文化ホール（県・市・町立）が建設されていった。それなりの理由や必要性はあったに違いないが、ハード優先だった。ソフトは二の次、三の次のスタートでは、そこに派遣された担当職員にかかる責任は重く、悩みも多い。「どうしたら町民がホールに足を向けてくれるのでしょう」とか「町民の関心が低くて何をやっても集まらない」などなど、立派な施設が泣いているのではないか。しかし、大変前向きの姿勢にも出会えた。「ホールは人です」と言い切る。「行政の枠の中でいかに上手く運営（予算も含めて）していくかは職員の熱意・学習度・やる気だ」と。この対照的とも言える発言のどこに違いがあるのか、それはその地域の住民を巻き込んでいるかどうかにあると見た。

訪ねてみて、そのまちに触れてみて、発見したり、再確認できたり、滋賀の文化・芸術の未来への夢を描く楽しさもあった。そこから見えた問題を、これからの課題として次のように提案した。一つにはハード重視からソフト先行型に、二つには市民自らが企画運営できる参加型運営を、そして三つ目に未来を担う子供の感性を磨く取り組みが必要であるということである。

市民参加型運営をめざして

ここで取り上げたいのは、まちづくりの視点からみた「市民参加型運営」についてである。すでに私たちが調査研究を実施した時期から二年が過ぎたいま、そのときすでにふくらんでいた蕾は花となり実となって現れてきているように思える。

　これまで文化ホールは、催しを「見にいく対象」としての認識が一般的だったのが、「参加する対象」としての在り方も見えてきた。その先進的例として、高島 アイリッシュパーク・ガリバーホールの劇団ラピュータによる「ガリバー旅行記・高島バージョン」（ミュージカル）や県立八日市文化芸術会館での広域である東近江地域の住民による創作ミュージカル（九六年から四年間継続）、演劇では県立滋賀会館での「演劇アカデミー講座」と「県民シアター」などがある。さらに、県立びわ湖ホール（平成十年開館）や栗東町立栗東芸術文化会館さきらの開館（平成十一年開館）によって、その傾向は顕著になってきている。

　このような市民参加による活動の機会が、文化ホールを拠点に盛んになることは望むところであり、さらに幅広い人々が参加できるようなワークショップやプロの公演のサポートや運営そのものにボランティアとして地域住民が参加する機会を継続的に用意していくことが、これからの課題ではないだろうか。

　たとえば私の住んでいる地域にある大津市民会館では、将来市民による劇団に発展させたいという意図で「O_2劇場」として動きだし、秋の公演も視野に入れて「ワークショップ」が始まっている。九歳の子供から六十歳代のメンバー四〇人が参加して、演劇をつくっていく上で必要な知識や訓練などに挑戦している。会館事務局は、彼等の自主運営をめざしていて、施設が親しみのある使い方ができるよう提供していきたいと考えている。この会館のもうひとつ面白いところは、会館とまちの連動をはかっていこうとしていることである。企画は会館、運営はまちの人たちで、大津祭曳山展示館や坂本のお寺などで「出前寄席」が開かれている。

これらの試みがどういうふうに展開し発展していくかは未知であるが、「市民参加」の段階が、催しものへの参加から、企画・運営への参画への道を拓いていくことを期待したい。これからの文化ホールの在り方として、「見にいく対象」から「参加する対象」へ、さらに市民の文化的芸術的ニーズを実現するためには「企画・運営への市民参加」が、望ましい方向ではないだろうか。

商店街でアート・イベントを

実験空間ウィズＹＵＫＩ　杉本洋子

本稿は、平成十二年二月二六日に大津市ナカマチ商店街実験空間ウィズＹＵＫＩで開催されたひと・まちネット滋賀第十回交流会での講演録をもとに原稿化したものである。

女の力で市制百周年イベントを

大津市制百周年提案イベント「アーケードアーツ　in　中町」は、六〇〇メートルの商店街に一八人のアーティストが作品をつくっていくというものであった。

このイベントを提案した動機は、「百周年の年に中町が静かではイヤ」という思いと「最初の企画展を石丸前県立近代美術館長に褒めてもらったこと」から百周年を美術の企画でやってみたいと思ったことだった。市の応募基準の垣根が低く、応募しやすかったことも助けになった。

最初は、女の人を前に出したい、「女の作家を女の手で」と考えた。まちが元気をなくしたとき、普段陰にいるからこそ、「枠に囚われない」「失うもののない」女たちが、現状を変えていけるのではないかと思った。しかし、実際には、女たちは、控えることになれていて、表に出ていくことに対しては、いい感じを持たないことが分かり、男の人にも手伝ってもらうことに方針を変更した。

まちにかかわる作品を

企画のスタートの段階では、力量のある人にやってもらいたいと思い、中国の黄鋭（ファン・ルイ）さんと谷内庸生さんの二人でやろうと思ったが、まち中を相手にするとなると二人では無理であった。菅木志雄さんに加わってもらうために、そしてもっとアーティストを募るために企画書を書かなければいけなくなった。

金額的には、最低額を払うとしても、三人しか呼べないが、それでは無理なので、「気持ち一つ」で参加してくれる人を探した。作品をすべて見てからというわけにはいかなかったので、人物のみで声をかけていった。「時には支払ってもらわないものに参加してもいいのではないか」と説得していった。お金は払えないが、ハイレベルの仕事を求めたため、作家からこちらへの要求度も高いものになった。

現代アートは、馴染みがないもの。度量を広げないと受け入れられないものである。根底には、今のまちを否定していたので、現代美術で歴史や文化をひっくり返したい、そしてゼロからのスタートをしたい、と考えていた。しかし、「町家をまもる会」のシンポジウムで大津市歴史博物館の樋爪さんの話を聞いてこの考えは間違っていたと思った。百周年という歴史を持つ町なのだから、過去にさかのぼり、この町のことを本気で考えてくれる人が必要だと思った。

もともと現代美術は、九割の人が否定するもので、まちに似つかわしいものではない。むしろ、見る人の神経を逆なでする、分からないという反応が返ってくる。変なものと感じる人、避けていく人もいるだろう。このまちには、居られなくなるかもしれないと思った。しかし、心地よいものだけに包まれているのでは、まちは変わっていかない。わからないもの、嫌いなものがあったら、「わからない、嫌い」とはっきりいえるまちになることが必要。一方で、まちを拓くためには「逆なでして終わり」では駄目だと思った。反発は覚悟の上、反発は貴重なエネルギーでもある。無難さを好む「歴史を守る人」が、対極にあるけったいなものを見ることはいいことだと思った。反発のエネルギーが湧いて新たな動きが生まれるはずだから。

そこでともすれば自己完結的（ひとりよがり？）になりがちなアーティストに対して「このまちを、現代を見て、このまちとの関わり、世の中と関わる作品をつくってほしい」という企画書を示した。五月三〇日の締め切りになって、招待作家を含めて一人の作家も出してこなかった。六月にはいってからすこしづつ届くようになったが、その理由は、こちらから出した注文が難しかったということであった。作家とはその後も喧嘩半分、飲み食い半分のお付き合いであった。六月はじめに、菅木志雄さんが現地視察に来て、自分にもできることがある、支えてやろうという気持ちを持っていただいた。私には作家同士が張り合っていい作品をつくろうとしていたように思えた。

皆が支えたアーケードアーツ

現代美術は、人にへつらわない難解さがある。現代美術のアーティストに町と関わってほしいと思った。ボランティアは、この企画を手伝ってやろうと思った人であるが、現代美術に関わりのない人ばかりで、アーティスト側から受け入れてもらえるよう、相当頑張らなければ駄目な相手であった。アーティストは、それまでは、わかる相手とばかり話をしているので素人にどうわかってもらえるかは手探りであったと思う。

行政もアーティストもボランティアも誰かが手を引いたら駄目になるイベントであった。記録集は資料と企画を持って今井祝雄さんが関係出版社を三社にかけあってくれたが、いずれも断られ、夫人でドキュメンタリー作家の今井美紗子さんの関係で東方出版がＯＫになった。

「危うい出版だけれどもやってみたい」と引き受けてくれた東方出版に迷惑をかけるのではないかと心配した。出版の効果は、支えてくれた人たちにもう一度参加してもらえたことや、見知らぬ人の評価で、思いがけないところから、いくつもの記事になったこと、新たな人のつながりが生まれたことなどである。

お金で買えない貴重なまち

私が自宅を改造して造ったギャラリーの名は「実験空間　WITH　YUKI」という。それは、母（八四歳）の名前から取った。このまちで生かされている母を見るにつけ、老人にとって買い物をしながら立ち話のできるこういうまちが貴重だと思う。新たにつくろうとしてもつくれるものではない。このまちを、大津を、滋賀を、私流に宣伝していって、大津が好きな人を内からも外からも増やしたい。この場所で、母と共に（WITH　YUKI）このまちの再生になにか協力できたらいいなあと思う。

興味つきない魚たち——琵琶湖博物館の魅力のひとつを語る

県立琵琶湖博物館主任学芸員　秋山廣光

本稿は、平成九年十二月一日に草津市にある県立琵琶湖博物館を見学した後に開催されたひと・まちネット滋賀第四回交流会での講演録をもとに原稿化したものである。

遊びながら川を調べよう

以前私は、琵琶湖文化館の水族館で魚を飼育する仕事をしていました。今度こちらの博物館で仕事ができるようになり幸せです。今回「琵琶湖博物館の魅力」について話をするようにいわれ、私は本当に青ざめました。どうしようかと悩んでいると親しい友人が「魅力とは感じるもので、語れるものではない」とアドバイスしてくれたので、「語る」のはやめて私の活動を紹介して皆さんに何かを「感じて」いただければと思います。

私は「交流をかねた川の生物の調査活動」をしていますが、そのきっかけは大変個人的な理由からです。私はこの仕事を始めて二十年くらいになりますが、仕事柄あちこちの川に出かけ、そこで自然がどんどんなくなっていくのを目のあたりにして「なくなる前に自分の子供だけにでも自然の姿を見せておこう」と考え、休日にお弁当を持って山や川に遊びに行くようになりました。そのうち、賛同してくれる人が合流するようになりました。

さて、ときどき他府県から「川の生物のリストがほしい」という依頼があります。そこで資料を探しますが、これがどこにもないのです。「はて？」と思い調べてみますと、滋賀県では琵琶湖に関する生態系などの調査はされていますが、川の調査は全くされていないということに気づきました。ちょうど仕事の関係で色々な研究をしている仲間がおりますので「どうせ川に行って遊ぶのだから、ついでに標本を残そう」ということになりました。

そして、職種には関係なく家族のつきあい仲間で「ネッツ」という会を創りました。みんなで「たも網」を振り回し魚を捕まえるので、ネットをただ複数形にしただけのネーミングです。現在二〇名程度の仲間で、毎月第四日曜日、これが潰れた時には次の日曜日にと、月一回のペースで活動しています。遊んで標本を作る気楽な会で、チーフは高橋さち子さんというイサザの研究で博士号を取った方です。毎回一〇名位が参加して現在までに二三本の川の調査をしましたが、同じ川でも季節によって魚が移動したりするため、何年かおきに同じ川を調査することにしています。いままでに水生昆虫類は二四〇種類位、魚類は琵琶湖固有の魚をのぞいてほとんどの種類を各川から採集し、標本は保管、データはコンピュータに入力しており、資料は琵琶湖博物館に寄付することになっています。

興味つきない魚たち

カワムツという魚にはA型・B型があることは以前から知っていたのですが、この活動を通して、不思議な習性があることを発見しました。カワムツの採集の方法のひとつは「ビン漬採集」です。昔はガラスのビン、現在は塩化ビニールのビンを使っていますが、餌を入れて水底に沈めておくと、魚が入って出られなくなるという方法です。この方法で採れるのはなぜかB型だけなのです。てっきりA型はいないと思っていましたが、みんなでネット採集したところ、A型がかなりたくさん見つかりました。A型のカワムツは限られた場所にとびとびに生息しており、B型はあちらこちらに普遍的に採集され、A型とB型とが混じって生息していることは珍しいのですが、これが大戸川で見られます。また、A型は守山市の法竜川にたくさんいましたし、日野川の上流で二カ所、長浜で一カ所見つかりました。A型はどの地域でもぽつぽつと点在する形で生活しているので、とても不思議です。

体に黒い線のあるムギツクという魚がいます。この魚は野洲川・愛知川など、限られた場所でしか見つかりません。京都府の由良川では見られるのに、隣の安曇川では見られません。琵琶湖をはさんで野洲川にいるというのも不思議です、ズナガニゴイという魚は、野洲川の水口あたりで見つけましたが、瀬田川や大戸川にはいません。一方、ムギックの方は瀬田川の深いところや大戸川にいて、少しとんで野洲川・愛知川・宇曽川にいるなど、どんどん興味が湧いてくるものです。

いなくなる前に記録を

最近メダカがいなくなりました。探していますが、本当にいないんです。昔は膳所公園のあたりでもメダカはいました。カワバタモロコという魚もメダカと同じような所にいましたが、今はほとんど見られなくなりました。たまに採れると大騒ぎをするくらい珍しいのです。カワバタモロコは川ではなく池に多いのですが、ブラックバスの餌になってしまい、見つけるのが大変です。ある秘密の池を二カ所発見しました。

これらの魚がいなくなる前に、せめてどのあたりに生息していたか記録しておきたいと思い、高時川の上流にダムができると聞いて、あわてて出かけて行ったりしますが、実際は調査が追いつかず、内心とても焦っています。

名人がいっぱい

「ネッツ」のサブチーフはユニークな魚掴みの名人です。熱中すると服を着ていても潜って魚をつかむ技術を持っています。アルミ加工の仕事をしていたのですが最近脱サラをして、石部の国道のところでおいしい「鍋焼きうどんの屋台」を出しています。夜中に通ることがあれば、ぜひ寄ってください。きっと楽しい魚の話が聞けるはずです。長い間活動していると、学生だった人がりっぱな社会人になり、また結婚して夫婦で参加するようになったりと、さまざまです。なんでこんな人がと思うような人が大の魚好きだったりします。

京都の人が多いのですが、滋賀県の人で「魚が好きな人」はぜひ参加してください。ただし、あまりの変わり者は困ります。たとえば、ネッツのメンバーではないのですが、タナゴが見たいために大学に入り、ボート部に入った人を知っています。現在は某博物館の研究部長をしていますが、練習がきつすぎてボートからタナゴが見物できないと嘆いていたことがありました。本当に大好きなものですから、これが採れたときは感極まるのかタナゴを飲んでしまうのです。それも今までに五匹くらいは飲んだと聞いています。潜って捕まえてあがってくるならいいんですが、飲んで戻ってくるんですからね。かなりの変わり者の部類に入るんじゃないでしょうか。

メンバーはその他、静岡県の人で手紙の交換をしている人、奈良県から集まる前日からやってきて、そのまま夜が明けるまで車中で寝ている人、魚はさわらずコケ類を採取している人（現在、越冬隊で南極に行っているのですが）、その他消防士さんなど、ユニークでバラエティに富んだ人たちばかりです。いろいろな興味を持つ人が集まっているので、標本も賑やかになり、いいですね。

活動の原点は遊び心

こうして自分たちのネットワークで休日を利用して活動し、いろいろ資料を残そうとしているのですが、これは仕事ではなく、みなさん遊び心で続けています。「休日も仕事」ってイヤですよね。

私たちは研究だけをしているのではありません。学芸員は展示をしたり、研究したり、交流したり、なんでもするので「雑芸員」と言われています。研究は博物館活動に必要なので行っているのであって、「先に研究ありき」ではありません。この順番を取り違えないように気をつけたいと思います。

「気の合う仲間が、好きなジャンルで集まって、少しでも後世のためになるような活動をしよう」なんて言いますと、偉そうで恥ずかしいのですが、今日は私の活動の紹介をいたしました。ここにお集まりのみなさんのなかに、魚を好きな人がいましたら、ぜひ「ネッツ」の会に顔を出してみてください。

アストロパーク天究館に於ける地域文化の発信

元 アストロパーク天究館々長
（現在ダイニック㈱大阪営業所参与）　米田康男

本稿は、平成七年十一月一九日に多賀町で開催されたひと・まちネット滋賀第二回交流会での講演録をもとに原稿化したものである。

一人でも多くの人に美しい星を

アストロパーク天究館は、一九九〇年に入りメセナ、フィランソロピーといった言葉がはやりのようにいわれ始める前、一九八七年八月一八日ダイニックの社会還元事業として始められた。ちなみに当時一般の人が利用できる望遠鏡としては、天究館の口径六〇《センチメートル》のものが日本で二番目に大きいものだった。現在では二〇番目くらいになっていると思う。六〇《センチメートル》の望遠鏡を使えば、一〇〇〇メートル先の一《ミリメートル》が見えるということで、ここから多賀大社の蟻が見えるということだ。

この施設を預かるにあたり「哲学があるからやっているのであって、金があるからやっているのではない」「この事業が企業活動と切っても切れないものとなっていくことが永続性を持たせることになる」という二点を「忘れてはならないこと」と決意した。運営の目的は一人でも多くの人に美しい星を見てもらうことだが、天究館を始めるに当たり専門誌発行部数、望遠鏡の売れ行き台数、各種天文関係行事参加人員などから推計して、天究館のマーケットは全国に多くて三〇万人と踏んだ。この数をいかに増やしていくかが課題であり、そのために「一．地域に密着した活動」「二．アマチュア精神」「三．天文を中心に広く文化を取り入れる」ことを運営の基本としている。

この運営にそった天究館の事業は「一．天文学の啓蒙、観望会、天文教室、天文観測」「二．月に一回のペースで開かれている音楽会、朗読会、年間を通じての展示（平成七年は九本）などの文化活動」「三．遠足、レクリエーション、地域活動などに開放された天文公園」「四．天究館の外に出かける移動天文観望会」などがある。

右足を三〇万人に左足を一億一九七〇万人に

「山男で星を美しいと思うことはあっても、必ずしも天文に深い興味知識を持っていなかった」という自分の経験からも、天文に興味のない人をテレビの前から動かすのは大変なことであると実感していたので、広く文化活動を取り入れることによって星に関心のない人にも天究館に来てもらうことを考えた。地域の人が何度もリピーターとして来てくれるようになればとも思った。地域の人たちと遊離しないためのマネージャーの条件は、右の足を三〇万人の天文ファンのために、左の足をそうでない一億一九七〇万人の側に置くスタンスを持ちつづけることであると思っている。

物事を活発にする心得、方法

「お客さんを第一に」「視野を広く持つ」「楽しくやるように心がける」「一生懸命やること」「等身大の活動に徹する」「心はいつもピュアに」と心得て、「人を頼りにする」「もの、建物、場所、空間を見たら何かできないかいつも考える」「大きな催しよりも小さな催しをたくさんする（一〇〇〇人の一回よりも一〇人の一〇〇回、三六五日灯が点っている天文台に）」「地域活動を積極的にする」「お金ですべてを解決しようと思わない。お金がないと工夫する。文化や人をお金で測らない」を具体的な方法としている。

こうして音楽会が始まった

オープンの年（一九八七年秋）、フルーティストの梅谷忠洋さんが星を見にやって来られた時、私にフルートを聴かせてくださり、それから音楽会を開こうと言ってくださったのだが、第一回の音楽会の時は人が集まるかどうか心配で、コーヒーやケーキをつけて工場の仲間たち一人一人に声をかけ、会場を埋めた。梅谷さんのフルートにカラオケのアンサンブルのテープを流したが、手持ちのラジカセのテープの速度が演奏スピードに合わず、演奏者に苦労をかけた。こうした試行錯誤の中から始まった音楽会だが、今では毎回百名を超える観客が集まり、来年一年間のスケジュールが今から一杯になるほど演奏したいという申し込みがくるようになった。チェロの寺田しのぶさんは、一回目の演奏会が終わったときに、バッハのチェロ無伴奏曲六番まですべてを毎年一回演奏したいので、あと五回演奏させてくれと言われ、それが続いている。ベルリンフィルの仲間たちは毎年一回、星を見るためにやってきて演奏をしてくれる。これらすべてが交通費だけのボランティアで開催されている。

また、会場の関係で人数を制限しているが、参加者には必ず家族や仲間もおられるので、口コミで天究館のことを話してくれているに違いないから、何十人にも輪が広がると思っている。

宮沢賢治記念館との交流

展示は花巻市にある宮沢賢治記念館の展示を借りてやることが多いが、私自身が天究館の車で展示品を借りに行き、返しに行くことにしている。一四〇〇キロメートルの道程は大変だが、途中、温泉に浸かる楽しみもある。滅多なことで人前でお話をされない賢治の弟さんの清六さんの講演会も開催することができた。自分が言うのもなんだが「熱意」が人を動かすと信じている。

天究館の究極の目的は

星を見るのは手段である。人が交流して仲間や友人が生まれ、普段、会話のない夫婦や親子が語り合える場になることだ。そして、地域の人が多賀に生まれてよかったと思うような地域になることである。いってみれば「人生の回り舞台」の場であることを願っている。

湖北発ライフスタイル革命

岐阜女子大学非常勤講師　古池嘉和

湖北は山紫水明の地なのだが

私の故郷である滋賀県湖北地方は、山紫水明という表現がよく当てはまる。そこには、豊かな自然が残っている。暮らしの文化も息づいている。それは、逆に言えば経済を中心とする二十世紀の価値尺度からすれば、取り残された地域であったことの恩恵でもある。まさに、暮らしの質という面で見ると湖北地方は実に素晴らしい地域なのである。

翻って考えて見るに、日本の経済成長と歩調を合わせるように、若者は都会へと流出した。そして、雇用の都市集中が近代日本の高度な経済成長を支えてきた反面、村は急速に疲弊することとなった。こうした若者の都市集中は、単に雇用の面で若者が流出したことに留まらない。若者が生み出す都会発サブカルチャーと対比される前近代的な風習など共同体原理が抜けない田舎。つまり、こうした土着的な価値観そのものが若者の支持を得られなくなってしまったのである。こうして、都市対農村の対立図式が半ば意図的に出来上がり、それはまた精神的な面でも進んだ地域と遅れた地域として図式化された。経済と心の過疎が同時進行したのである。

情報化はライフスタイル革命

しかし、ここにきて明らかに価値観が変わりつつある。それは、大きく三つの文脈に左右されている。一つは情報化である。IT革命と称される情報革命は、単に産業面での革命ではない。それはライフスタイル革命である。都会へ夢を求めた人々は、劣悪な環境下で郊外の一戸建てから都心へと通うビジネススタイルに疲れてきた。つまり、工業化時代のライフスタイルの物質的な意味での幸せは実は大いなる幻想であったことに気がついてきたのである。こうしてSOHOと言われるビジネススタイルが生まれ、豊かな自然の中で働くこと、つまり都市からの流出いや脱出がはじまった。そして、山村振興方策の定番も工業化時代の工場団地整備ではなく、情報インフラさえあれば空家など既存の施設が利用でき、豊かな自然環境も集落環境もそのままで、振興が図れる可能性が高まったのである。さらには、遠隔医療やネット販売などにより、暮らしのレベルにおいて過疎の山村でも都会との格差がなくなってきた。すなわち、情報化を進めていくことが、実は山村でのライフスタイル革命にとっての生命線なのである。二十世紀の工業化に出遅れた湖北地域こそ、高度な情報インフラの整備に力を入れていかなければならない。

生きる知恵としての文化

二つ目は、文化である。生きる知恵といってもいい。私の幼少時の記憶を辿ると、椎茸栽培をしていた林や冷蔵庫代わりにしていた敷地内の小川のせせらぎが思い浮かぶ。また、卵をとるのが楽しみだった鶏小屋、家で漬けていた鮒寿司なども思い浮かぶ。山で薪を採り、竈や風呂にくべる。火の番が私の仕事だった。山の恩恵はこうして体感できた。いくら自然環境を声高に叫んでも、実際の暮らしの中でその恩恵を実感しなければ環境を守ることはできない。そうそう、離れの厠では、確か新聞紙を使っていた。少々お尻の痛いリサイクルであった。自然との関係でも、姉川で魚を捕るのに手製の銛を使っていた。懐かしい過去の情景である。しかし、過去に戻るのではない。過去からの生活文化の文脈で、まだかろうじて切れていない部分をつなぎ合わせていくことが大切である。高度経済成長期に当てた物差しで否定されてきたものの中に、二十一世紀に必要な「価値」がある。こうした消えつつある地域文化の文脈を木目細かくつなぎとめていくことが必要である。

よく言われる「むらおこし」というのは、こうした知恵の蓄積としての文化を掘り起こし、もう一度、今の暮らしの中に取り入れていくこと、つまり「心のむらおこし」なのである。幸い二十世紀において取り残された湖北地域には、暮らしの文化のレベルで、まだ残っている部分もある。古くて新しい二十一世紀型の物差しで地域を見なおしていくことが必要となる。

交流が新たな可能性を拓く

そのために必要なもの、それが三点目の交流である。外部との交流を、経済的な地域振興などマクロな方策としてではなく、住む人と旅人が相互に触発される瞬間に生じる分泌物とでも言える、多分にメンタルでパーソナルなものであるとすると、そこに人と人との豊かな関係性を構築できる可能性を見出すことができる。また、人々そして集合体としての地域は、対外的な評価を通じて自己の持つ文化に対する誇りを回復する機会を得ることになるかもしれない。さらに、もてなす側の地域では、多種多様な人が、そして集合体としてのＮＰＯが元気よく活動する姿を描くことができる。そのために、交流を促進することが求められるのであり、経済的なものは副次的な産物にすぎない。こうして見ると今、シェイク北近江で展開されているような広域的な連携でのツーリズムの流れは時代に即応していると思う。

湖北発ライフスタイル革命を

湖北地域は、これまで見たように、二十世紀的価値観では一周遅れている。しかし、その評価する物差し自体が変わろうとしている。湖北発ライフスタイル革命、それは湖北を発し、日本そのものも変えていくことができる気がする。

こうした湖北の良さを、まずはここに暮らす人々が再認識することが大切である。湖北地方を対象とした「さざなみ通信」という媒体には、こうした思いが凝縮されている。私もライターとして参画しているこの媒体では、ここでの暮らしの価値に皆が気づくことが目標である。湖北地方のライフスタイル革命のために、多様な活動を展開し新たな「うねり」を興して行くこと、それはどうやら私のライフワークとなりそうだ。

地域に寄せる心が栄養素「み〜な　びわ湖から」

長浜み〜な編集室　小西光代

まちをもっと知ってみよう

長浜み〜な編集室では、『み〜な　びわ湖から』という地域情報誌を発行している。黒壁スクエアの一角を間借りした部屋は、雑誌の編集室と聞いて想像するようなかっこいい雑然さを呈しているわけではなく、南側の日だまりがここちよい畳の部屋。窓からの景色は、背中合わせの家々の裏庭と屋根瓦。知る人ぞ知る「長浜タワー」も見える。常時部屋にいるのは、一人になったり二人になったりの専任スタッフだけで、手弁当の仲間たちがいつとはなくやってくる。

平成八年春に『み〜な　びわ湖から』と改称した本誌が、『長浜み〜な』として創刊したのは、平成元年のこと。読んでみーな、見てみーなと、湖畔のまちから全国へ向けての情報発信もひとつのスタンスとして出発した。全国にまちおこし、むらおこしの風が吹きはじめ、長浜では黒壁ガラス館がオープンしたときだった。

一年ほどのち、雑誌の編集などドシロウトの私が専任スタッフに就いたときに感じたのは、自分の住むまちのことをよく知らない地元の人がとても多いこと。それは、編集会議の席で、へえ、そうなんですかーと感心ばかりしている自分も含めてのことだった。そして、外へ向けて上っ面の情報をあれこれ流すより、地元の人たちと一緒に、自分たちの暮らすまちのことをもっと知っていきたいという思いが強くなった。そうすれば、一時は出ていきたいばかりだったこのまちを、もっと好きになれる何かが見つかるような気がしたのだ。

聞くこと、話すこと

隔月刊の発行だが、下調べ、取材、執筆から、次号の打ち合わせ、配達、集金など、頭のなかは常に半年分の作業が渦舞いている。本業の合間に取材と執筆を楽しんでくれる手弁当の仲間の力は甚大だ。また、経済面で発行を支えるのは、四〇社（店）ほどの会員、協賛企業。いつもモタモタした足取りの本誌を見捨てることなく、十一年目に入っても熱い手を差し伸べてくださっている。

とはいえ、思うように仕事がはかどらないのは毎号のことで、そのたびに「もう、いややわー」と喚いてしまうのだが、発行を楽しみにしているという読者からのおたよりや、つかずはなれずの距離から届くやさしい仲間たちの労りの声に、背筋を伸ばすのも恒例となっている。

さて、あらためて名刺の引き出しを覗いてみると、ずいぶん多くの人にお会いしている。名刺など持っていない人とも、同じくらい言葉を交しているだろうか。そんななかで、話を聞くこと、話すことについて、ずいぶん勉強させてもらったと思う。

取材時はけっこうフランクに話していたのに、校正紙を送ったら真っ赤になって返されるのは、とくに公の立場の人。たしかにこうおっしゃいましたし、それをできる限り好意的に理解して表現しているんですけれどねぇ、ブツブツ…。でも、それぞれの立場もかんがみて、もっと深いところにあることばを探さねばならないのかもしれない。

翻って、自分が取材を受けた記事を読んで、とりとめのない話が、そうそう、こう言いたかったのよ、と上手にまとめてあって感謝したり、ついでに話したことの方がおもしろかったようだと気づいたり・・・。いずれにせよ、誰にも分かりやすく、発した言葉に責任をもって話せる人はエライと、いろんなお名前を見ながら思い出すのである。

実感した情報を双方向に発信したい

さて、こんな風に十年間、地元にべったりくっつきながら来たけれど、果してこの情報誌は地域にどんなふうに作用しているのだろう。

最新ゲームソフトのコマーシャルを見て、えらくリアルな映像に驚いた。自分では体験できそうにないシチュエーションに分身を派遣して、走ったり飛んだり敵を倒したり自由自在だ。コントローラーを持つ手に力が入るのも無理はないだろう。でもね、と、戦国時代の戦いの場面を見て思った。

四百年前、日本史上に大きな足跡を残した戦いが実際に行われた関ヶ原は、長浜から三〇分程度の近さだ。この、いつも車で素通りのまちを先日ゆっくり歩いた。石田三成が陣を敷いた笹尾山は、二百メートルほどの小高い丘だ。ここで三成はどんな夢を描いたのだろう。最後に東軍に寝返った小早川秀秋のいた松尾山からは、戦いの様子が一望できる。ここで若き秀秋は何を待っていたのだろう。両軍が入り乱れたであろう盆地を歩くと、立ち並ぶ家々の狭間から馬のいななきや兵士の雄叫びが耳の奥に響いてくる。こんなに想像力をかきたてる場所が雑作なく出かけられるところにあっても、画面のなかのバーチャル体験の方がおもしろいだろうか。

もう何度も、だれもが口にしていることだけど、湖北や近江は、歴史も自然もたっぷりゆたかな地域だ。それを楽しまずして、そして伝えなくてどうする。

たとえば、関ヶ原探訪の記事を読んだ読者が、おもしろそうや、行ってみようと足を運んでくれたら、わたしたちの情報の輪はひとつ広がったことになる。行ってみて、こんなことにも気付いたよと手紙がくれば、また広がる。そんな波紋が楽しみで、毎号毎号の積み重ねが六十余冊になった。取材でお世話になった人、何かと教えを乞うてしまう人、いつもおたよりをくれる人、これからもいろんな人たちとの関わりあいを大事に深めながら、たくさんの人が心を寄せてくださる雑誌をつくっていきたい。

「淡海文庫」誕生物語

淡海文化を育てる会　事務局
岩根順子

「近江は琵琶湖を中心とした小宇宙を作っている」と誰かがおっしゃっていた。まさに近江は四方を山に囲まれ、近畿圏ではあるが北陸や中部圏の文化をも取り込みつつ、近江独自の文化を営々と育んできている。小さいながらも他の地域とは少し異なった文化を作ってきた地域であり、小宇宙といわれるのも不思議ではない。

豊かな自然の恵みと、どの時代の歴史を紐解いても日本の歴史の潮流として大きな影響を及ぼしている。まさに近江は日本の歴史の中枢に位置してきた地域である。世界遺産の登録を受けた比叡山延暦寺は日本仏教の源流といわれるが、近江の文化全体が日本の文化の源流といっても過言ではない多くの事績を有している。

さらに江戸時代半ばより全国に出かけた近江商人の、今に通じる精神文化は全国の津々浦々に浸透し、近江の存在をクローズアップしてきた。

しかるに、この土地で生活する人々は、この偉大な地域特有の文化資源に対する関心は低く、心底誇りに思うことが少なかった。

こうした県民の意識に警鐘を与えようとして生まれてきたのが「新しい淡海文化の創造」という事業計画であったと思う。

かつて、大和の国から見て近い淡水の湖（うみ）ということで、遠く浜名湖のある遠江に対して、近くに琵琶湖のあるこの土地は「近江」と呼ばれていた。この近江に対して自己主張のある呼称こそが「淡海」であった。近江以前に使われていた淡海を今、再認識することは、とりもなおさず滋賀の大いなる主張が始まったと嬉しく思ったものである。

滋賀県が「新しい淡海文化の創造」の事業計画を進めようとしていた頃、民俗学者の橋本鉄男先生との出会いがあった。

琵琶湖総合開発事業の推進に伴う民俗調査の経験から、琵琶湖の漁業資料の散逸を嘆かれ、琵琶湖の湖上輸送に活躍した丸子船の保存の必要性などのお話を何度となくお聞きしていた。そして、熱っぽい先生の話はいつも「モノが亡くなっても資料として残していくことが必要だ」との結論に到達し、滋賀県の歴史や文化を伝える書籍の発行を強要されていた。しかし、道楽仕事といわれる出版には、さすがの向こう見ずの私も二の足を踏んでいた。それでも、お伺いする度にテーマや著者を紹介してくださった。先生のその熱意に、遂に心の奥深いところで創刊を決意していた。結局、橋本先生に押しきられた格好であったが、「淡海文庫」という名称も胸の中で決めていた。

テーマはある。趣旨に賛同いただける方も集まってきた。それでも多くの不安は残る。社内でも企画出版への危惧は大きい。熱意やテーマはあり、本を作ることもできるが、問題は販売であった。

不安材料を抱えつつも、創刊を決意したのは、黒壁を中心とした新しいまちづくりが始まった長浜の一角でのことであった。

かつて滋賀県をテーマとした「近江文化叢書」が継続発行されており、既に三〇数冊のシリーズは、滋賀の文化を伝える好書であったが、このシリーズは行政の支援があったにも関わらず、手がけた出版社がいずれも倒産したという悲壮な結末を迎えていた。廃刊という言葉こそなかったが、すでに歴史は終わっていた。なんとしても最大の難問は如何に販売をするか、財政的な体制を作るかということであった。県内書店へのルートは滋賀教科図書販売株式会社のご支援で確保できたものの、本づくりと併行して購読会員募集の準備を始めた。

創刊については、発起人の合意で進めたものの会の名称や規約などについては、全くの独断で決め、創刊号には未決定事項までも印刷をして既成事実を作った次第であった。

橋本先生は淡海文庫購読者の会とすることを主張され、購読以外の事業活動に対しては拒否された。さらに「淡海文化を育てる会」の名称についても難色をしめされていたが、この時、既成事実を作った私の主張が通り、結局代表もお引き受けいただき、会の名称についても同意いただいた。創刊号『淡海の芭蕉句碑（上）』は芭蕉没後三百年の記念すべき一九九四年に発行できた。

その後淡海文化を育てる会は近江歴史回廊ガイドブックの制作依頼を受け、継続発行の出版権利をいただいたことにより財政的な基盤もできた。会が発足して間もない時期の朗報には発起人一同、小躍りをして喜んだ。おりしも歴史街道の放映も始まり、街道を散策する人々の増加により、街道モノには人気が集まってきていたときであった。

『近江戦国の道』から始まったシリーズは、既に六ルートがガイドブックとして完成している。版を重ね、今では育てる会の重要な財源となっている。発行と同時に開催する歴史回廊ツアーや講演会などは会員の方々の支持をいただき、県外からの参加者も多い。そして淡海文庫も漸く二五冊を発行してきた。

今思い返しても、無茶な設立ではあったが、滋賀県からの全国発信の書籍が次第に大きな波紋を広げ、膨らんできた。情報発信の手法が大きく変化する中で、ますます地方の優位性が生まれて、継続発行によるファンも増えてきた。

さらに新しい視点での新しい淡海文化を創造するための試金石となるべき活動を今後も一層推進し、まさに新しい淡海文化の創造を率先していくことを目標としたい。

小さなまちはみんなの舞台

滋賀文化短期大学　非常勤講師　西　川　実佐子

生活のねじれを見直そう

最近、世の中を騒がせている若い世代の犯罪は、今までの常識や観念では理解できない、動機がはっきりしない、またそんなことが動機なのかと驚いてしまうような動機であったりする。幼児・児童虐待もずいぶんと表にでて論じられるようになってきた。そのあたりの社会的な問題、教育の問題、家庭の問題、心の問題などについては種々論じられているが、あまりにもいろいろなことが複雑に絡み合っているために、原因をすっきりと説明することはできないが、それを特殊なものとして一線を画していては問題を見失う可能性がある。大きな事件や事故、犯罪に結びつかなくても、なんとも表現しがたい鬱積したものを抱えながらの生活は、ギシギシと音をたてて軋んでいるのかもしれない。ということは、子供たちや若い世代だけではなく、大人も含めた生活全体がどうもねじれてしまっているということなのだろう。

家庭内暴力を「子供から両親への、夫婦関係への、家族関係への警鐘」としてとらえ、この関係の見つめ直しや改善によって、子供そのものへの直接的な働きかけがなくても事態が解決へと向かうこともあるという。ここでは、その取り巻くものを「家庭」から「地域社会」へとおきかえ、少し述べてみようと思う。「地域社会の見直し」が、今世の中にある釈然としないものや事件、犯罪に対して働きかけることはないのだが、生活を正面から見つめるための何かのヒントになりはしないだろうか。

存在を意識する大切さ

高度経済成長期、地域社会は個々の生活スタイルや主義主張を優先し、個人主義を認めてきた。隣で何をしているのか、隣の人がどんな人であるのかさえ知らない。何事にも良い面と悪い面があるのだから、一方だけを非難する過ちを繰り返してはいけないが、ここらあたりに「地域社会」の機能を急速に見失ってしまった原因がありそうだ。

昔の慣習に手足を縛られた「地域社会」では閉鎖的でプライバシーがない、そして個性が殺されてしまう。そのことに我慢がならず、殻を破って出ていった先には、現代的で合理的な、自分がやりたいことだけをやっていればいい生活が開けているように感じたのだが、ここまでたどり着いてみると、何だかいつも何かに追われているようで、自分の居所が自分でわからない、そんな生活が繰り返されている。

「自分をアピールしたかった」「先をこされた気がした」。これは、何だろう。子供や若い世代だけに限ったことではなく、誰でも自分を「認めてほしい」「評価してほしい」という気持ちを持っているが、それは受け身で待っていて向こうからやってくるものではない。自分で自分をさらけ出し表現していく中から生まれてくるものである。では、自分を表現するための場や舞台はあるだろうか。そしてそれが「たったひとつしかない」ではなく「いろいろな場が用意されている」だろうか。

自分を認めてくれ、評価してくれる場は、人によってさまざまである。ある人にとっては、家庭であり、またある人にとっては仕事がその場であるかもしれない。それぞれが多少矛盾しているかもしれないが、その場がいろいろあるということは、手持ちのカードがバラエティに富んでいるということで、選択肢が多いということである。その数多いカードの中から自分を表現できる場、存在感を確かめられる場を「自分で選択」することこそ自己表現の第一歩である。そしてそのカードの中に、地域社会に関する行事や活動などのさまざまな種類のカードが彩りを加えることによって、より広い選択が可能になり、自分の居所も見つけやすくなる。

あるまとまった「地域社会」は、うつわはあまり大きくはないが、その分、自分が自由に活躍できる場は見つけやすい。大勢の雑踏の中で右往左往し存在を認められないでいると、不安感も大きくなるし、数の中に埋没し自分を表現できずに終わってしまう可能性もある。とりあえず具体的な最初の一歩を踏み出すには、「あまり大きくない程度の地域社会」は身の丈に合った活躍の場を保証してくれるはずだ。

心満たされるまちの大きさとは

最近、この「あまり大きくない程度の地域社会」を「小さなまち」と称し、いろいろ考えを巡らせている。「まち」という言葉で表現すると、人や大きさの規模がどのくらいであるとか、施設の集積がどうであるとかに、つい目がいきがちだが、ここでいう「まち」は、そういった物理的な規模というよりも「ひとがひとらしく生活できる空間や心のキャパシティ」といった方がいいかもしれない。

だれでも自分が認識できる範囲を越えるものについては、何らかの恐怖心や不安感を抱くものである。だからこそ、それにチャレンジするのだということもあるが、日々の生活で常に戦い立ち向かっているばかりでは、息切れしてしまう。何かをし続けていなくては自分の存在感を見失ってしまいそうな焦りを感じるのは、大海で波に遊ばれて行き先がわからずに漂っている小舟の気持ちに近い。大海ではなく、あまり大きくない湖でも、きっと満たされるものが見つかるはずだ。そこには、自分が見わたせるいろいろな可能性がたくさん秘められている。そして、湖辺の木陰で椅子に座ってゆっくり景色を楽しむように、「そこにいる」ということだけでも、自分の存在感を満たしてくれる場合もある。

さあ、舞台へと踏み出そう

選択肢はたくさんある。「地域社会」が用意したカードの中には、「何もせずにいるけれど、心満たされ、自分の存在感を感じられる」カードがある。そしてもちろん、「活躍の場を求めて自己表現していく場」もあり、経験を重ねていくうちに、どんどん世界が広がっていくこともあるだろう。そして、その両方をうまく使い分けることだってできる。どちらによりウェイトがかかっているかは、ひとそれぞれ。

こんな豊かな「地域社会」が、きっと今望まれている。そして、私はそんな「地域社会」の実現は不可能ではないと思っている。ただし、その実現の要はそこで生活している「ひと」、そのものの問題であるのだが。

大津の町家を考える

大津の町家を考える会　青山菖子

本稿は、平成十二年二月二六日に大津市ナカマチ商店街実験空間ウィズＹＵＫＩで開催されたひと・まちネット滋賀第十回交流会での講演録をもとに原稿化したものである。

私は坂本に住んでいます。大津へ（市中）に出掛ける事を「大津へ行く」と言います。滑稽な言葉に聞こえますがそういう事です。今から三十年前、結婚したての頃は自宅の回りにスーパーなどないので、週二回程の「大津行」はとても楽しみなものでした。

ここ大津市は山々が屏風の如く淡海（琵琶湖）に臨む町並みの形勢からできています。堅田・坂本・志賀・大津・膳所・瀬田・石山と言った具合に横に並んでいます。明治の市制発足から何回かの合併でこうなってきました。したがって、同じ市内でも私が「大津へ行く」という言い方となるのです。

私が『大津の町家を考える会』に参加したのは、たまたま出掛けた大津市歴史博物館で入会の栞を目にしたからです。「大津の町」は知らない事ばかりでとても新鮮に見えました。

会の行事で町家のマップを作りました。会とは別に個人で「大津百町」という旧町名をたずねて見ることにしました。一応主婦ですから家事の合間を使い、カメラ・テレコをリュックに詰めて町歩きをしたのです。確かに百の町名があったのです。町を訪ねると色々な人に出会う事ができて「昔昔のお話」を話してもらう事で、メモが沢山になりました。会長の竺さんに話したところ、「本をつくろう！」となったのです。そしてサンライズ出版の『大津百町物語』が誕生したのです。

ほんの一部をお話ししてみましょう。滋賀銀行の本店筋向かいに「古い石畳」が残っています。ここは米会所の名残です。当時は、藤尾の相場山に櫓があり、旗振り夫がいて、堂島（大阪）からの米相場の情報が五分で届いたそうです。明治になって、電話が通じていたのですが、接続に手間取り、大阪から大津は一時間もかかったのです。

本の誕生から十数回の「町歩き」を依頼されて、いろんな方々のお供をいたしました。若いお母さんたち、歴史同好会の人々などの声として、「いつも通っているのに気が付かなかった」と言われます。確かに私も何も気が付かないままでいたら、『本』とも出会うこともなかったと思います。昨年の二月に地元の坂本でも『坂本あるき隊』を旗揚げしました。その町独特の味を確かめたく、これからも知りたいことがあったら何でもチャレンジしてみます。

あなたも一緒に『町歩き』をしませんか。きっと、面白い発見に出会うことでしょう。

元気印のメッセージ

北村季吟を生かした独自のまちづくり

北村季吟生誕の地　北遊遊倶楽部　事務局長
山添善裕

野洲町北は北村季吟の故郷、北少年野球チームを一〇年間続けてきたが、子供の減少でチーム編成ができなくなったのが、『まちづくり』のきっかけで、平成四年『北遊遊倶楽部』を発足させた。

平成七年北村季吟没後二九〇年の節目に「北村季吟を顕彰しながらまちづくり」を実施する組織に変え、以前より目的意識を明確に掲げ『北村季吟生誕の地　北遊遊倶楽部』を再度発足させた。昔は近江三聖人（北村季吟・雨森芳洲・中江藤樹）の一人に数えられながら、現在は県内でも北村季吟を知っている人は稀である。

夏は地蔵盆を兼ねた夏祭りを実施、秋は『北村季吟顕彰北文化祭』で地元の人たちの作品を展示、文化セミナーで地元の歴史勉強会など、地域にこだわる多彩な活動に取り組んでいる。

「地域の一角に北村季吟の資料館を作り、俳聖松尾芭蕉の師匠の里、ここで俳句が読めて楽しい催しがあって、季吟を学ぶ。そんな〝ハイクステーション〟になれば良い。その資料館を拠点に、子供たちが訪れる人を案内できるといいと思う。」平成十七年に北村季吟没後三〇〇年祭を迎えるが、将来に大輪の花を咲かす『土づくり・種蒔き』の活動に一生懸命頑張っている。

北遊遊倶楽部のメンバー（平成11年度北文化祭）

元気印のメッセージ

瑞々しいまちと人のこころ

おうみ未来塾第一期生　澤　孝彦

今、人にも町にも瑞々しさが求められているような気がする。国際、情報、経済、環境、福祉といった分野が毎日、毎日めまぐるしく流れていくなかで、ふと立ち止まって見た景色に、また何気ない人との会話に、おもわず感動してしまう時がある。

七年前から、八月の最終の土、日曜日に、私が住む高島町のガリバー旅行村では、アイリッシュ・ミュージック・キャンプが開催されている。全国からアイルランド音楽の愛好家が楽器を片手に、たくさん、このキャンプに参加してこられる。運営は、名古屋と東京のアイルランド音楽をこよなく愛する人たちの実行委員会でやられており、私も少しお手伝いをさせてもらっている。昨年も約一〇〇人ぐらいの参加があったが、ほとんどの方が、ガリバー旅行村のめぐまれた自然の中で誰に遠慮することなく、自分の楽器を演奏することに、いいようのない幸せを感じておられる。毎年の私の仕事は、JR近江高島駅から会場まで、電車で来られた参加者の送迎が主な仕事ですが、昨年、ある参加者は、私の車から降りられた瞬間に、「あぁ、ここへ来てよかった！」と言われた。まだ、キャンプも始まっていないのに、会場となったこの村の施設をぜんぜん使ってないのに、すぐに「あぁ、ここへ来てよかった」と思わずもらしたその気持ちは、なんだろうと思った。私が思うには、きっと、その人が求めていたものが、瑞々しい景色が、また人の瑞々しい心が、この村に漂っていたのだと思う。

アイリッシュ・ミュージック・キャンプを楽しむ参加者

こんなとき、これからのまちづくり、地域づくりは、案外、二十世紀で求めていた、贅沢なものはいらないのかも知れないという気がしてならない。

◆第5章◆

新しい時代に向けて命を育む

「アジェンダ二一おおつ」を策定して

立命館大学理工学部　笹谷康之

地球環境問題への関心が高まる中で

二〇〇〇年四月にＧ８環境大臣会合が開かれ、二〇〇一年度には湖沼会議の開催が予定され、滋賀県でも従来とは異なる地球環境に対する関心が高まっている。滋賀県は、石けん運動以来、環境熱心県と言われてきたが、今日、それが新たな段階に入っていると言えよう。筆者は、一九九九年十月から二〇〇〇年三月まで、「大津市地球環境保全地域行動計画（アジェンダ二一おおつ）」の策定検討会の代表を務めたので、新たな地球環境に対する関心の盛り上がりの事例として、その経験を報告したい。

「アジェンダ二一おおつ」は、一九九九年十月一八日から二〇〇〇年三月一日までの計五回の検討会を経て短い期間に集中的に策定した。委員は公募五名を含み、市民団体・事業者・学識経験者の二〇名で構成されている。たたき台となる原案を事務局が準備することなく、一回目の十月一八日と二回目の一月四日には、各委員から自由な意見を募った。一回目の冒頭から「企業などの環境マネジメントシステムとして有名なＩＳＯ１４００１に習って、市民・事業者・行政の三者が合同で進行管理をすべきだ」という意見なども積極的に出された。二回目には、お互いの委員が、どういった問題に関心があるかについて、しっかりと共有できる場となった。一・二回目の検討会のあとには、委員から宿題として意見を求め、詳しい資料を提供してもらった。それらをもとに代表・代表代理・事務局・コンサルタントでたたき台を策定し、三回目の前に再度、委員から事前にたたき台に対する意見をもらい、三回目の十二月七日に臨んだ。同時に、市民一〇〇〇人アンケートを行った。三回目は、報告書の大枠が共有できる場となった。その後も委員から意見を求め四回目の十二月一六日に原案を策定した。四回目の検討会は、報告書に沿って、どのような活動内容が展開できるかについての討論の場となり、議論が白熱し、大幅に時間が超過した。

市民の意見発表の場を通して

年が明けて、二〇〇〇年二月一日から一四日まで、市民意見の募集を行った。二月十一日に開催した「地球環境フォーラム」には、一〇〇名以上の市民が集まり、七組の市民意見の発表を頂いた。とりわけ印象的だったのは、井谷家族の実体験に基づくちょっとはずかしいけれど、とてもおもしろい取り組みで、小学校二年生の女の子が読み上げるお話の合間に、五歳の妹が上げる札を見て、会場から「なるほど」や「おー」といった掛け声を合わせせる発表だった。会場からは、意見募集の期間が短いので長くとか、もっとPRせよとかの積極的な意見をもらった。続く三月二十日のG8環境大臣会合のプレイベント「地球家族二〇〇〇」でも、スウェーデンや豊中市民環境会議の事例を受け、市民・事業者・行政の温度差を埋めてそれぞれの立場を共有して環境パートナーシップを築いていくための工夫に、四〇〇名近くの市民が耳を傾けた。

紙・郵便・電子メールで頂いた一七個人・団体の意見と、「地球環境フォーラム」でいただいた七件の発表や九件の会場からの意見は、延べ一五五項目の意見として整理され、三月一日の第五回検討会で討議された。取り入れるべき意見や、この計画になじまず取り入れることが難しい意見の仕分け以外に、今後、計画の推進にあたって配慮すべきものとして六四項目の意見が頂けたことを確認する意義は大きかった。五回目の検討会は、報告書そのもの以上に、今後、報告書の趣旨を活かして、市民・事業者・行政がパートナーシップのもとに、どのように計画推進組織「(仮称)おおつ環境フォーラム」を立ち上げ、運営していくべきかについて議論して認識を共有した。

パートナーシップで環境保全活動の推進を

半年足らずの五回の検討会とその間の委員への宿題、意見募集、シンポジウムは、十数回分の一年間の、しかもかなり充実した検討会活動に匹敵するものと考えている。これが可能になったのは、活発な委員であり、市民の積極的な意見であった。

また、アンケートからは、「原因が科学的にわかる前に地球環境問題の対策をとるべき」「大津市は他の都市以上に積極的な環境対策に取り組むべき」「総合的学習の時間を利用して児童と一緒に環境づくり活動に取り組みたい」「市民・事業者・行政が協力し合う環境推進組織ができれば参加したい」とする大津市民が、いずれも六〜七割いることがわかった。すぐに大津市民がこの回答のとおりに動くかどうかは別として、市民は、上手なしくみをつくれば、パートナーシップを活かし楽しく環境活動に参加できる潜在的な可能性があることがわかる。

一方、市民の環境保全活動に対する大津市の支援では、「資金や器具の提供」「情報の提供」「助言できる人材の派遣」の三項目とも、評価する市民が一〜二割であった。客観的には他都市と比較して、大津市の環境行政は進んでいる方であるが、市民の満足度が低い結果を招いている理由として、行政は広報を使って広く公平に市民に情報を伝える努力はしているが、関心のある市民に着実に情報を伝える方法を知らないことだ。情報を広められる市民であり市民団体が媒体となって、関心のある市民に着実に伝えられる工夫が求められている。つまり、「環境推進組織ができれば積極的に参加したい」とする一〇パーセントの市民に呼びかけて「おおつ環境フォーラム」を設立し、「環境推進組織ができれば参加してもよい」とする五七パーセントの市民を巻き込んで、パートナーシップで環境保全活動に楽しく取り組めるしくみが必要なのである。

「おおつ環境フォーラム」に多くの市民参加を

「アジェンダ二一おおつ」に則れば、地球環境が身近な環境とつながっていることを市民が理解して、二〇一〇年に一九九〇年比で市民一人あたりのCO_2排出量を六パーセント削減する数値目標を達成しなければならない。このためには、総合的学習の時間を活かした地域環境学校などの六つのリーディング事業を上手に立ち上げ、積極的な市民を募ってリーダー・コーディネーターとなる人材を育成して相互に学べる場をつくり、この市民が中心となって「おおつ環境フォーラム」を担っていくことが必要なのである。多くの大津市民の参加と、他地域の人々の支援を期待したい。

元気印のメッセージ

「ストップ・フロン滋賀」の歩み

ストップ・フロン滋賀　事務局長　野口　陽

一九九四年発足、県内外の会員によるフロンガス等によるオゾン層破壊と温暖化を防ぐために活動。全国組織の市民団体。「滋賀」の特徴は超党派自治体議員、国会議員が会員。

●一九九四年八月、会員の電器商業組合のメンバーの呼びかけにより、大津市と地域家電店による全国初の廃冷蔵庫からのフロンガス回収（NHKTVにて全国放映）

●会員理事二名が以前からの水環境とオゾン層保護活動の功績により環境庁長官表彰

●会員各位による、県内外へのオゾン層保護のための出前講演を政党、自治体、生協等へ

●一九九六年三月には、国内初の「オゾン層を守ろう全国大会」を開催　環境庁長官招聘

●一九九七年一二月、COP3京都会議記念の市民イベントとして「温暖化防止音頭」を京都市役所前で披露　郷土民謡「江州音頭」と環境滋賀をPR

●一九九八年一〇月　環境保全を親しみやすくとの願いから演劇「ぢらい」公演　成功

●一九九八年一〇月　米原鉄道フェスティバル記念標語に応募　最優秀作獲得

「環境熱心滋賀　東西文化の交わるところ　米原」

「環境江州音頭」製作　初披露

●一九九九年七月　有志の基金提供により県内初の紫外線予防テントを保育園に設置

●県会議員さんの協力のお蔭で滋賀県でのフロン放出禁止条例制定　二〇〇〇年三月二一日

●一九九九年一〇月会員のネットワークにより二

〇〇一年湖沼環境会議成功を願っての〈湖人の会〉を結成　演劇や音楽を通じて琵琶湖保全を訴え活動開始

環境保全に熱心と同時に遊び心旺盛な楽しい仲間です。ご一緒にいかがですか。

連絡先は　大津市国分一―四六―一二
「ストップ・フロン滋賀」
電　　話　〇七七（五三七）四九七〇
ファックス　〇七七（五三三）一三二三
野口　陽

日本 観測４地点全てで
オゾン量が減少！
気象庁オゾン観測センター－速報より

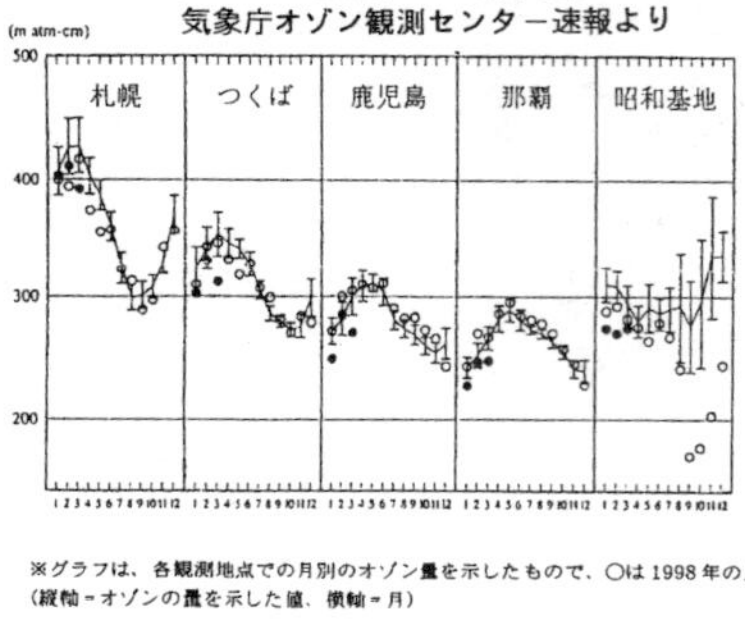

※グラフは、各観測地点での月別のオゾン量を示したもので、○は1998年の月平均値、●は1999年の月平均値。
（縦軸＝オゾンの量を示した値、横軸＝月）

気象庁が発表した今年４月のオゾン観測速報によれば、3月のオゾン量が那覇では観測開始以来の最小値を記録するほか、つくば、鹿児島では同じく二番目に少ない値を記録した。

昨年10月に南極上空のオゾンホールが過去最大規模を記録し、半年後の北半球でのオゾン破壊が懸念されていたが、今回その心配が的中し、有害紫外線の増加も心配される。

オゾン破壊の拡大を少しでも抑えるために、オゾン層破壊物質や温暖化物質の大気放出を止めることが、オゾン破壊に大きく荷担した日本の責務であり、緊急の課題であることを私たちは考えるべきだろう。

「エコナビ・トルネード・プロジェクト」口上書

ザ・グローバル・シンク代表　山田　実

二十一世紀最初のビッグなムーブメントに

滋賀に帰ってきて、地域に分けてもらった元気を発酵させて、いま二十一世紀へのムーブメントを始めようかと準備している。名付けて「エコナビ・トルネード・プロジェクト」。略称で「ETプロジェクト」と呼んでいる。

滋賀県では、二十世紀の最後の四半期に三つの大きなムーブメントが生まれた。ひとつは、一九八〇年の「琵琶湖条例」施行前後に起こった「石けん運動」であり、二つ目は、一九八七年に二六万人が琵琶湖を抱き、人の命と生命の源である水を考える大イベント「抱きしめてBIWAKO」である。そして、三つめは、翌一九八八年に、琵琶湖のSOSに応えるために、居住形態にあった水処理の方法など、琵琶湖再生プランの提案に三四万人もの署名を集めた「よみがえれ琵琶湖請願運動」だった。

「ETプロジェクト」は、できれば第四の、しかも二十一世紀最初のビッグなムーブメントにしたいと考えている。

滋賀県に住んでいる人、滋賀で働いている人は、これを読んでいるあなたも含めて「エコナビゲータ（エコロジカルな社会への水先案内人）だ」といわれるような滋賀にすることを狙っている。そのエコナビゲータになるための修行を、楽しみながら、知らないうちに、嫌だけど、気がついてみたらやっていたというムーブメントが「ＥＴプロジェクト」なのである。

さあ、あなたも今すぐ、エコナビ修行人登録を

「エコナビゲータ」になるためには、それなりの修行が必要である。しかし、修行の先にはグッドな二十一世紀のエコライフが約束されているはずだ。あなたと、あなたの家族とあなたの住む地球のために。

さて、エコナビ修行人のために、修行をサポートする「達人」を一〇〇人用意した。彼らは、私たちが自信を持って選び出した栄えある「エコナビ達人」である。彼らはエコナビ修行人を励まし、助言し、叱咤し、トレーニングしてくれる人々だ。

エコナビ修行人は、消費者である。大衆消費社会の実現が環境問題を生みだしてきたからには、消費者が二十世紀型コンシューマーから、二十一世紀型コンシューマーになる修行が必要である。二十一世紀型コンシューマーとはよく言われる「グリーン・コンシューマー」

に他ならない。

グリーン・コンシューマーが増える市場は、企業人にとっても魅力的な成長マーケットであり、しかもこの市場を拡大することは、環境問題の解決にも寄与する。私たちはこの市場を「サスティナブル・マーケット」と呼びたいと思っている。

サスティナブル・マーケットが広がると、企業は「グリーン・サプライヤー」に変身せざるを得ない。消費者がグリーン・コンシューマーになることで、企業のグリーン・サプライヤー化が進むのである。まさに「買い物が世界を変える」ことになるわけだ。

そして、このループが生まれると、グリーン・サプライヤーの広がりは、グリーン・コンシューマーを育てることになり、トルネードの第一段階がスタートすることになる。

そこで、このループ形成を始動させるために、グリーン・サプライヤーのモデルをつくりたいと考えている。その取っかかりとして、一〇〇種のエコロジー・グッズを用意する。私たちはこれを「エコナビ・グッズ」の第一次商品カタログとして、提案する。

「エコナビ・グッズ」がなぜ「エコナビ・グッズ」なのかを知ることが、エコナビ人の修行のひとつなのである。その理由を知り、その精神を会得すると、エコナビ・グッズの精神を他の商品に見いだすことができる。それが「エコナビ達人」への道であり、買い物が世界を変える道でもある。

エコナビ・トルネードはタイフーンになるか？

「ＥＴプロジェクト」を支えるもう一つの柱として、インターネットを利用した情報提供が用意されている。情報とは、あなたをサポートしてくれる友だちだ。現在すでに、情報技術の進歩が、田舎にいようが都会にいようが分け隔てなく、私たちに友だちのネットワークづくりを可能にしている。

インターネットはもう普通の暮らしの道具になりつつある。まだ始めていない人は、今すぐチャレンジしてほしい。これはいまの電話と同じである。いずれ使わざるを得なくなる。遅かれ早かれそうなるのなら、いまから始めてみるに限る。

インターネットホームページには「エコナビゲータ」の情報が満載されている。インターネットを使った情報交換の広がりが、エコナビ修行人を励まし、元気づけるのだ。

もうすでにホームページは開設されていて、誰でも見られる。このウェブのアクセスが一日一〇〇件になることをこのムーブメントの広がりの当面の目安と考えている。一〇〇件を越したときには、「エコナビ・トルネード」は「エコナビ・タイフーン」と名前を変えることを予定している。

このように、「エコナビ修行人の広がり」と「エコロジーなものの広がり」と「エコナビ人をサポートする情報の広がり」という、人・もの・情報の相互増幅作用による、新しい消費者創造と環境ビジネスの市場形成が、この「エコナビ・トルネード・プロジェクト」の目指すところなのである。

このプロジェクトが、動き出すような滋賀県をつくることがいまの「マイ・ドリーム」である。

エコナビWebのURL：http://www.biwa.ne.jp/~econavi/

元気印のメッセージ

ふだん着の環境学

宮治正男

私は、廃窯となっていた甲西町の下田焼を再興する仕事を担当した。町内外から支援を受け、一九九四年六月、五年ぶりに再興することができた。下田焼は一見磁器のような風合いがあり、江戸時代中期に農業の副業として始まった素朴なやきもので、庶民の生活に欠かせない日常雑器だ。中でも、おろし皿や片口はたいへん面白く、それらのやきものからかつての暮らしぶりが見えてくる。

六五年頃まで醤油は樽で配達され、おへそあたりの栓を抜くと醤油は飛び出し、そこを片口の大きな口で受け、注ぎ口からそれぞれに使った。樽が空になると引替えに別の樽が配達された。樽は縦長の板を丸く連ねて組み、帯び状に割った竹で編み、それを止め金の代用として作られた。使えなくなった樽は、焼却するかそのまま腐敗させ土に帰す。そこは、ふだん着の環境循環型の社会であった。

農家では牛は家族と同居し、田畑の畦や土手の雑草は牛の餌となり、排泄された糞は田畑の肥料となり土に帰る。里山は常に手入れされ、伐採したクヌギやコナラの木は薪やシイタケの原木となり、役目を終えると土に帰る。その切り株から萌芽し木は更新された。

あれから三〇余年、経済社会の進展は大量に生産・消費・廃棄の社会へと変貌させ、廃棄物の増大や森林荒廃など地球規模での課題を残した。解決策として随分よそ行きの環境ビジネスがもてはやされている今、ふだん着の環境循環型社会を見直すことが大切である。

食と農と地域のネットワーク

(財)滋賀総合研究所　奥野　修

滋賀で食する

滋賀県は、食材の宝庫である。その大手はやはり近江米。生産量は西日本で一番という米どころである。何年か前に、山東町で総合計画策定の仕事に関わった時、縁があって、とある方から山東産の新米を送ってもらったことがある。日本晴れだったと思うが、少し小粒でつやつやで、炊くと粘りが出て一粒一粒が程良く調和していて、少しのおかずで何杯も食べられ、大感激ものであった。「農家の方は、こんなうまいご飯を毎日食べているのか。」と大変うらやましく思ったものだ。おいしくて、毎日食べても飽きない食品として、米より優れたものは見あたらないのではないか。

次に印象に残っているのは日本酒である。滋賀に来るまで、大阪、京都と渡り歩いて、日本酒の味を覚えたのは、実は滋賀に来てからである。それも地酒の。よく戴くのは今津の「琵琶の長寿」、八日市の「喜楽長」など。池本酒造の池本さんに杜氏の丹精込めた技と蔵元の心意気を教えてもらった時から、地域米と水と環境にこだわる酒造りに興味を持った。県内の地酒をアピールした蔵元共同作品である「胡蝶の里」や「紫賀の湖」も、蔵元によって味が少しづつ違うのが楽しい。作り手の顔が見える安心と喜びから、新潟の酒よりも私は美味に思う。新酒時に付いてくる吟醸酒の酒粕も吟醸香がふんわり残っていて、大大大好物であるが・・・。

その他、近江八幡の吉田さんから戴く万木かぶの漬物や、高島の手作り淡海酢、グリーンファーム香清作の善水寺味噌、湖西・湖北産のえび豆やごり豆、喜多品の鮒ずし・甘露ずし、愛東のぶどう等、愛食しているものは年々増える一方だ。

「土産土法」の充足感

食べ物の話をし出すと止まらなくなるが、何故それら滋賀の食物が自分の心を打つのか考えてみた。今流行りのグルメ志向とは少し違うかもしれない。一言で言うと地域で育てられた食材が、地域の人々によって、地域の方法で作られている感激と、その地の文化と手作りの愛情がいっぱい詰まったものを、今戴いているという喜びが沸き溢れてくるからだろうか。「土産土法」(地場でとれたものを地域の調理法で作る)への安心と喜びそのものかもしれない。

自分が感動している要素をキーワードにしてみると、「地場」、「郷土料理法」、「季節感」、「地域の水・土・空気、環境」、「新鮮・生き物」「作り手の心と技」・・。こういったもののなかに、自分の心と体を充たすエネルギーが充満している。

農の重要性に気づく人々

近年、農作物の安全性や郷土性を大切にした農作物や食品が増加しつつあるのは嬉しいかぎりだ。もちろん消費者の安全性や地場性に対するニーズが高いことが背景にある。しかしそれらの作物は市場にのりにくいから、道の駅や朝市での直売やインターネット等を活かした宅配での流通が人気である。

大津市の千町にある安全野菜組合では、無農薬野菜の産直を始めて既に二五年になる。「子どもに無農薬で作った安全な野菜を食べさせたい」という新興住宅の女性たちの願いに応えて、毎週火曜日、旬の野菜を送り続けているという。愛東町の道の駅では、地場野菜や花卉を並べ、その品揃えの豊富さはまさにミニスーパー並で、多くのお客を呼び込んでいる。

消費者の心を捉えている根本にあるのは、生産者、消費者に関わらず人間が持っている「農」の精神ではないかと思っている。農とは、田畑等大地を耕して作物をつくることであり、その副産物として、作物の収穫を皆で祝い合ったり、神様に感謝したり、共に食したりする楽しさがある。消費者は直接、農に接しているわけではないけれど、その喜びの輪の中に入っていると言えるのではないか。

近江八幡市では、農の重要性に気づき、農山漁村高齢者ビジョンを作って高齢者がもつ農作物作りや土づくり、農村文化の智恵・技術を次世代に伝えてもらおうと、「近江八幡の農を育てる協議会」を立ち上げた。農に関わる人々と、農に関心がある人々とをつなごうとしている。

農のある生活スタイル

最近では消費者としての立場から一歩踏みだし、自分の食い扶持は自分で耕そうといった動きが全国各地でみられる。小さな一坪農園から、市民農園、小屋付きのクラインガルテンまで様々であるが、農作物を自分で楽しみながら作ることに生きがいを見い出だそうとしている。定年を迎えるにあたって農地を取得し、農業で生計を立てようとする「定年帰農」の静かなブームもある。そこでは、大地から離れたサラリーマン生活に見切りをつけ、土とふれあう、自然の恵みの中に生きがいを求めようとしている人間の姿があり、人々は農のある生活の必要性をいろんな局面で少しづつ感じ始めている。

生産者と消費者とが分断されるのではなく、産直等による交流から一歩踏みだし、多くの消費者が自分の食べる食物を自分たちで作る空気が広がれば・・。農家にはそれを手助けしてもらうとともに、これぞプロの一品という食物を作り続けていただきたい。都会の子どもたちも、大地に触れ、作物の作り方を学ぶ。お互い収穫し合ったことを喜び、交換し、感動を交歓する。皆で大地に感謝する。

こういった誰もが農にふれ合える環境づくりの中で、収穫とともに食する喜びのネットワークが各地域に着実に広がっていくと思われるし、自分自身でも実行しようと思っている。

まちの夢・お菓子の夢

本稿は、平成十一年三月二十一日に彦根市内にあるたねや「美濠の舎」で開催されたひと・まちネット滋賀第八回交流会での講演録をもとに原稿化したものでる。

㈱たねや社長　山本徳次

当たり前のこと

今日に至るまでにいろいろ失敗があったり、苦労したりと様々な事がありました。その中で特に失敗したというか、苦労した時代というと……ほんのついこの間の話になりますが、西武大津店に出店させていただいた時、モノがさっぱり売れなかったことがありました。この時初めて私どもが、あまりにも商品に対する知識というか、心というか、マーケティング・リサーチができていないということをまざまざと見せつけられました。

商いの一番の原点というのは何だろうと考えると、簡単な話で『買いやすいお店』ということでしかない。ところが買いやすいお店というのが案外わからないものです。商売人にとって一番重要なことは『お客さんの視点になること』なのですが、忘れてしまいがちなのです。一生懸命やっているが、お店の飾り付けも素晴らしいし、商品群も素晴らしい、非の打ち所がないのに、お客様が入らない。何故なんだろうと……。一体どういうことなんだろうと考えた時に、お客さんの目線がはずれていることに気がつきます。いわゆる外観ばっかり追っかけてしまっているわけです。実際は、外観などお客さんにとってはどうでもいいことで、『自分はあたたかく迎えてもらっているかどうか、心地よく商品を選ぶことが出来るかどうか』が大切なのです。今の言葉でいうと満足度ということでしょうか。当たり前のことなのです。そういったことも見失いがちになっているような気がします。

大胆な発言になるかもしれないが、デパートは売上げを落として当たり前の仕組みになっているのです。この間、東急日本橋店が閉店されました。東急さんがお店を閉める時になって初めて、最後に自分たちでなんとかやりたいという気持の表れが、ブランドショップの廃止だったのです。最終的に『仕入れ担当者ではなく、売場の人が直接仕入に携わった』。これを売りたい、あれを売りたいということから、売場の担当者が閉店の一番最後の段階で実に生き生きとした姿に変わられた。その結果、今まで何年もかけてやってきたことが一か月で……、売上げも一年分を一か月で稼げたのです。本当の悲劇というのでしょうか。もう少し早く気がついていれば、おそらく東急さんも随分変わったと思われます。

心の経営

じゃあ、そういった〝売る〟ということについては、田舎では絶対人口が少ないのですから話になりません。単純に申し上げて、日本橋の三越さんは全三越さんの売上げ（二五店舗分）の約六〇パーセントがあの日本橋本店一店なのです。だからお話にならない。田舎で商いをするというのは一体何かという事を考え続けてきました。結果、彦根や近江八幡でやったらどうかと考えると、『美濠《みほり》の舎《や》』や『日牟禮《ひむれ》の舎《や》』のようなものになります。

今、人がいわゆるどういうふうに変わっているかといえば、ハードからソフト、ソフトからハートへ……そこで必要なのが心の経営というか、そういうことが言われています。

「たねや」では、新入社員の研修を毎年三月にさせていただいている。今年は露天で商いをしていただきました。私どもの研修というのは、いわゆる実になり、あるいは怒られることが励みになる。そういう気持ちでやっています。私も口では「心のある経営をやりましょう。何とか相手の方の心に伝わるようなやり方をしましょう」とは言いますが、当たり前すぎて具体的にどうしたらいいか、なかなかわからない。ましてや学校を卒業したてではよくわからない。そういうことを身をもって体験する研修にしております。

研修の中で一番伝えたいことは、『物を売る事じゃない。自分たちの親切をどこまで形にできるか、このことを競わなければいけない』ということなんです。でも、親切が仇でかえることもたくさんあります。例えばコンビニ。あそこは知らん顔してレジのところへ持っていって黙って外へ出られることが大切なんです。思いやり、親切心というのは、声をかけた方が親切なのか、かけない方が親切なのか、その辺をしっかりリサーチできていないと、最終的に困るのではないかと思います。

本当に心地よい買い物をするとは一体どういうことかといえば、『自由に見られる』ということです。あまりにもお客さんを追いかけることによって、逆にお客さんを逃がしていることになる場合があります。そうなればもう二度と入ってこられません。商店街はその最たるものではないかと思われます。天気のいい日は外へ商品をできるだけ出して入口を狭くし、そして中を覗きこんだらもうつかまってしまっておしまい。何か買わなければ帰れない。商店街には暗黙のうちにそんな仕組みができあがってしまっているような気がします。

どうしたらお客さんが入ってきて、すっと出られるかということを考えた方が近道なのに、どうもその反対にいってしまう。商店街もますます活力を失い、本当の姿を失ってしまったなーと感じているのは私一人ではないと思います。

ターゲット

最近、関東と関西の違いをまざまざと見せつけられることがよくあります。デパートにしても、大阪阪急百貨店なんかはかっこよく全てが揃っている。東京では今はそれでは通用しない。高島屋さんも高級住宅街のある二子玉川ではちょっとおしゃれなファッション、日本橋になるとこれ以上のものはないという最高に贅沢な商品が揃えられ、逆に新宿は若い人のものが揃う。非常にターゲットが絞られてきています。ところが、関西へいくとその絞り込みがされていません。それぞれ特色を出さないと生きられない時代なんだとつくづく思います。

そんな中で私どもはどうしたらいいか、できるだけ違う形にもっていきたいという思いを抱いておりました。特に、滋賀県は本店のある場所です。

ニューヨーク五番街にポロ・ラルフ・ローレンの本店があります。その向かいにラルフローレン・スポーツがあって、両方とも入ったところに大きな暖炉がある。私はこれを見て、ファッションというのは煙の出る物が側にあるのはタブーだと聞いていたから、暖炉を見た時は本当に驚きました。ビルは昔アパートだったものをそのまま使用していて、各部屋に様々なシーンがしつらえてあります。例えばくつろぎの場所ならくつろぎ用品が、手紙を書く場所であればそれなりに、調度品には全てポロのマークが入っている。ファンには喉から手がでるほど欲しい物ばかりです。それぞれの部屋がアパートの廊下でずっと結ばれており、途中にあるトイレもどれも皆趣きが違ってこんなところまで見応えがあるのです。どれを見ても本当に素晴らしい。そして、ちゃんと高級な各デパートには本店と同じものが並んでいるわけです。入り口から一〇パーセントオフの貼り紙がしてあって、二〇パーセント、三〇パーセント、五〇パーセントくらいのものがあって、その中にもちゃんとポロブランドがある。本店へ来たら納得できる空間でないと駄目なんだ。空間がわっという圧倒的な感動をそのお店の中で与えられなかったら駄目なんだということをしみじみと感じました。

アメリカには昔の日本がある

なぜアメリカを参考にしなければならないか。いろいろ含め、かつて日本では日常茶飯事だったはずのものが、どんどん忘れ去られて本当に合理的という言葉の意味を間違えてしまっているんではないかと感じられるからです。そういうことが今アメリカでは非常によいかたちで残っているのです。

ちょうどニューヨークから車で一時間くらい郊外にいったところに、牛乳屋さんからスタートしたショッピングセンターがあります。牛乳がずらーっと並び、同じように牛乳の横にはパンがあって、パンはその場で焼かれてお店に並べられております。買うということに対してすでに『ここで焼かれてるんだなー』というところを見せてもらって、『こういう材料を使っておられるんだなー』というのを全部見られる。だから『安心できる』。それから、山積みになった果物がありました。その果物について私は仕入はどうなのか尋ねました。

「こういう農家の誰々の作っておられるものなんですよ」と。じゃあそういう仕入は誰がなさってるんですかと尋ねると、先ほどの東急さんと話がオーバーラップしてくるのですが『売り場の担当者が直接朝農家へ行ってそこの一番新鮮な物を仕入れて』戻ってくるというわけです。

お客さんがワンサとやってくる。これはもう『新鮮さ、材料の安心さ、やっぱり健康であるということの裏付け』がちゃんとできている。あらゆるのものが『環境に配慮』してあり、そういう物以外は使わない。そして、レジにいったときに再び、驚きました。絶対待たせない。レジが約二〇台ぐらい並んでいて、その二〇台全部空いている。誰もお客さんが並んでいない。レジの上にはテレビがずらりとあり、全て違う番組を流している。さすがに違うなと思いました。

昔、日本人はこういうお客様に対する配慮はきめ細かくやっていたものです。

安心ということ

家庭の主婦が経営するレストランの話です。そのレストランは売れて売れて予約を一か月くらい早く入れておかないと行けない。彼女曰く「朝とれとれのいい野菜を探すときはスーパーマーケットではなく、畑を回ります。そして葉っぱを虫が食べるようなそういう野菜を探しましょう。虫は自分たちに安心であるというサインを示しています」。

なるほどと思いました。虫が葉っぱを食べないような野菜はよくない。虫が食べたあとの残っているような野菜を、スーパーマーケットで見られたことなどおそらくないでしょう。

私どもは今度お米を手がけようと思っております。とっておきのお米を食べさせてもらったとします。とっておきのお米というのは、おいしいのは間違いない。でも「とっておき」という言葉は非常に微妙です。どこでも売れてるお米というのは必ず『安心というサイン』が出ています。私どもは、より安心なものを手元に届けなければならない。更にこれはこういう食べ物で、こういう食べ方はいかがでしょう、というところまでは最低限我々の方でやりたいなーと思っております。なぜこのようなことを考えたかと申しますと、私どものこの周り、滋賀県というのは本当に素晴らしい農家の方がたくさんいらっしゃるからです。

いま、『当たり前のことを当たり前にするということ』が非常に難しい時代です。それを私どもはあえてしていこうと。

淡海での店づくりというものがどういう方向でいかなければならないかということを少しは解説させていただきます。

私たちがこの店舗を作っていく中にひとつの基準をもっています。その基準、物差しというものは一体何なのかと申せば、お蔭さまで今県外で七〇%の売上げをあげさせていただいている。もちろんその中には東京それから関西圏、名古屋とある。名古屋は新しく大きくなっている。そうなりますと、お客さまがどんどん本店のある滋賀に来て下さる。実は私どもはずいぶん前からお店をきちんとしたいなという思いを持っていました。初めて滋賀で大きなお店を出したのが八日市です。その時は本当に大変だった。売上げがない。売上げがないから要するにお金をかけられない。売場だけを作るのが関の山。そういうような状況で八日市にお店を出させていただいたのを記憶しています。そんな中で同じやるならば、地元の人にも喜んでもらわなければならないし、しかも外から来られた方にはさすがにいいところだなと感じていただきたい。直接見ることで安心していただけ、食材もまたとっておきの安心なものを使いたいと考えております。

また、観光ということにいささかなりとも何か哲学をもちたいと思いました。ちょっと写真でも撮りたいなーとか、ちょっと絵にも描いてみたいなーとか、あるいはお客さんをあそこに連れてきてやろうとかいうような、そういった店づくりをまず最初に考えつきました。それと同時に町でただ土産物を売ったのではだめで、全国に通用するところまでレベルをあげる努力をしなければならない。考えればいくらでもあるのですが、たくさんやるんではなくこれだけは絶対勝つというもの、ひとつでもいいから、それをよりPRしていくということがひいては全体をレベルアップしていく結果になるのではないかと思っています。

農家の方が元気になって欲しい

農家が元気になって欲しいと考えております。いろいろお菓子をやっていると、野菜、果物を仕入れなければならない。よりよい食材を追求せざるをえない。私どもも材料についてはずっと掘り下げてきて、たまたま掘り下げる過程の中でいくつかいいところの産地から頂戴している。岡山県芳賀清水で収穫される白桃。幻の白桃と呼ばれているものです。その清水の白桃の九〇パーセント近くを私どもが現在使っております。「いいものだけは瓶詰めにしてください、私どもは小さくても構いません。ちょっと不規則な大きさになっても構いません」という条件で全体を使わせていただく結果になった。完熟の時を待って収穫、皮は湯むきで取り除き、果汁は手搾りというこだわりようです。

私どもが『よもぎ』ということを言い出したのも同じことです。いくつかある日本のよもぎ農園を見て回ったのですが、最終段階の処理が私どもの満足のゆくものではなかったのです。日本にはほとんどが中国から入ってくる。中国にも見に行ったが、こちらが求めるだけの品質が確保できない。だから餅には使えない。そんな訳で損をするからやらないでくれと反対されていたのですが、反対を押し切って永源寺町によもぎ農園を自分たちでやりはじめました。素材へのこだわりが形になったものだと思っております。最初は自分たちで植えていたが、周りで見ておられた農家の方が、見かねて「それではあかん、こうするんやよ」と教えていただいたり、今ではよもぎづくりに協力して下さる農家の方も増えました。

また、彦根市稲枝町にそれは素晴らしい苺を栽培されている福永正雄さんという農家の方がおられ、その全てをたねやで素材として使わせてもらっています。そうすると、稲枝ではストロベリーロードを作ろうというまとまった動きが生まれたり、永源寺町の場合でもそうですが、どんどん農家の方が元気になって、いきいきした表情に変わってこられる。

そして、これは私が個人的に思っていることですが、今の日本はお米を作る田圃が減少し続けています。私はいろいろな意味でとても日本の将来を危惧しております。だから、いつでも米が作れる場所を別な形でも残しておく必要があると思っています。それには農家の方が元気でないとだめなんです。

どれだけ良いものを作ろうと、売れてゆかなければ駄目です。私どものやっていることは微力だろうが、安全で安心、健康の裏付けのある商品を、お客さまの手元へと届けることができる。そういう企業活動をしながら、そうしてゆくなかで、私はやっぱりまちは絵になるまち、歌に出てくるまち、何か詩でも聞きたくなる、そんなまちができたらいいのになーと夢に描いているのです。

今、農家の女性は元気！

農事組合法人グリーンファーム香清　代表理事　石本　登喜子

本稿は、平成十年十一月二三日に甲西町にある甲西町伝統工芸会館で開催されたひと・まちネット滋賀第六回交流会での講演録をもとに原稿化したものである。

男性ができないなら女性の力で

今滋賀県甲西町は商工業がすごく発達している。しかし、私たちは甲西の農業の良さを失いたくないという気持ちの中から農業に力を入れ、男性ができないのなら女性の力で農業でのまちおこしをしてやろうという、へそ曲がりが仲間を増やして約六〇人ほどで、五千円ずつ持ち寄って始めたグループである。幸い消費者の方がたくさんおられ、最初その人たちにも協力していただいて「ふれあいフォーラム」として、生産者と消費者がふれあう場をつくったところ、その中から「もっと甲西町の農産物をおみやげにたくさん持って帰れるようにしてください」という話をいただいた。甲西町内でもそれぞれ地域によってとれるものが違うし、それに付加価値をつけるなど、いろいろなことを勉強してグループをひとつにまとめ、消費者の方々においでいただけるようにした。最初は農事組合法人も土地の所有条件が満たせなかったので、商品を自分たちで売ることができなかったが、その後販売許可を得ることができ、直売という形をとることができるようになった。土地で穫れた安全なものを食べて健康な日々を送っていただきたい、それが子供たちのためにもなると思っている。

発足時の平均年齢は五五歳だったが、あれから五年経つので、今ではもう六十歳近い。それでも私たちは、他のグループなどでは歳をとって辞めていったりする方がいると聞く中で、働けるうちは思いっきり働いて、誰もが邪魔にしない、そして歳をとった人こそ私たちの仕事には役にたっていただける、一生現役ということをうたってやっている。特に滋賀県は新しい淡海文化の創造ということで、昔から伝わる技や知恵をなんとか磨きあげて後世に伝えていこうということなので、私たちは食文化で、地元でとれた農作物に付加価値をつけるのと、それをいかに料理として作り上げていくかということに心を傾けている。

夢を持って企業経営に挑む

グリーンファーム香清は国道一号線のＪＡ甲賀郡甲西支所の前の小さな館の中にあるが、この中でしていることは一三品目の仕事、そして大きな夢がいっぱい入っている。最初のうちは、農家の主婦なので「作ること」は得意でも「経費、売上げの概念を理解すること」や「販路を開く」といったことは苦手で、理事会や役員会でも、さまざまな意見が出て、会議が深夜に及ぶことが何回もあった。中でもいかに販売していったらいいかといった営業のことが問題だったが、文化的な部門も設け、その他の部門でも部長さんをおいて、それぞれ責任をもっていただき、それをまとめた形で発展してきている。データ等も集め、どの商品が売れているとか、経費も含めどの部門が健全な収支を行えているかといったチェックもして、企業としての知識も少しずつできてきていると思う。営業としては、毎年十二月に東京に販売に行き、今後はインターネットでPRできないかということも検討している。

ただ、儲けるというだけでなく、まちおこしという面からも考えていかなくてはならないし、そういった面からも町行政の方々にもずいぶんお世話になり、協力していただいた。

「キラメキ」「ヒラメキ」「トキメキ」の三メキを大切に

現在は月に一〇〇名ほどの視察があり、鹿児島や金沢などから一泊で研修にお見えになるグループもあり、こういった方たちから教えていただくことが多く、視察を受けることが勉強になっている。

ギリシャのアテネにはヘルメットをかぶった女性像が飾られているが、その像は国が廃れたとき国を救ったアテナイという女性のリーダーのものと聞いた。私たちもアテナイにならって、一生「キラメキ、ヒラメキ、トキメキ」の三メキで生きていきたいと思っている。

農村女性は女性の中でも地位が低く、何らかの形で認めてほしい、農家の女性でも何でもできるということを見てほしいというエネルギーが爆発したという気がする。農村女性にはいろいろな方々がおられる。そういった方々の知恵と歳をとった者の知恵と、地元にある知恵を出し合って、さらなる発展をと願っている。若い農村女性にもそれを理解してもらい甲西町の誇れる農を守ってほしい。

いま、熟年パワーを生かすとき

おおつ21世紀塾・びわ湖バレイ自然塾　赤　澤　一　壽

あなたは若い

いま、心ならずも社会の第一線を退いた人たちが地域社会にあふれている。そして〝濡れ落ち葉〟と化している。また子育てから解放された女性たちが暇をもてあまして（？）グルメ三昧。そんな人たちには生涯学習だ、やれ市民活動だ、まちづくりだ、といっても馬耳東風。地域社会との関わりに背を向ける。

いままで仕事に追われていたのだから、やっと自由になれたのだから、とおっしゃる。それもいいだろう。しかし、考えてもほしい、あなたはまだ若い（心の持ち方しだいだが）。あなたの知恵・知識・能力・ノウハウを少しずつ出しあい、教えられたり教えたりしながら、新しい地域の友人たちとのネットワークを広げようではありませんか。

私が関係するＮＰＯ、市民団体では、熟年パワーが頑張っている。そこから学ぶことが多い。新たに行動しようとする人たちの指針になれば幸いである。

しがらみを捨て、学び合うこころを育てよう

〝学びあい〟の心をコンセプトに手をとりあい、結ばれた団体がある。〔おおつ21世紀塾〕だ。この指と〜まれ！　指を立てたのは私だった。メダカの学校ではないが、♪だぁれが生徒か先生か♪　塾生がそれぞれ生徒であり先生なのだ。これまでの体験を生かし、知恵がないなら労力を、時間を出しあおうというものだ。平成六年六月六日、呱呱の声をあげた。六歳の六月からお稽古事をはじめると身によくつくという。こんな遊び心も大切にしたい。〝稽古事〟ならぬ興味、関心事、学習テーマによってサークルをつくって活動している。身によくついたのか、発足当時四〇数人だった塾生も六年目にして一一〇人に、サークルも一二に。

植物学の世界で『萌芽更新』という四字熟語がある。ミズナラやクヌギなどの落葉広葉樹は、根元から伐採しても切り株からあたらしい芽を出す。根に蓄えられた養分の勢いで一年目で五〇センチ以上にも生長する。木々たちが〝過去〟を捨ててあらたな出発をする潔さと、たくましい生命力に大いに学ばねばならないと思う。

組織の中では葛藤、競争があったにせよ、安穏に過ごしてきた人たちにとって〝過去の幹〟を伐るのは忍びないのかも。そんな人たちにとって〝過去の栄光〟は単なる〝しがらみ〟にすぎない。過去の栄光を捨て、新たな旅立ちをしよう。アタマの中のスイッチをパチッと切

り替えるのである。

〔おおつ21世紀塾〕は、濡れ落ち葉になる前に、自らの道を自ら拓こうと目ざしての出発だった。男女共同。女性も歓迎。で、女性は男性の五倍に。思惑がはずれた、といえば女性に叱られそうだが、せめて同数の男性にも参加してほしい、というらだちにも似たはがゆさがある。男性の不甲斐なさともとれる。その点、いま参加している男性の塾生の勇気に敬意を払いたい。

それにしても、女性たちは、旺盛な好奇心、物事への関心の度合い、積極性、行動力、実行力、創造（想像）力、すべてに優れている。あなたよ、女性は強い。たくましい。そのパワーで、男性をもう一度、社会（地域）へ狩り出してほしい。女性塾生がいくつものサークルに参加して、忙しい忙しいと〝うれしい悲鳴〟をあげながらも嬉々としている。もし、彼女のダンナさんが家でゴロゴロか、テレビ・ウォッチングというのなら、まずダンナさんから説得してほしい。見方を変えると、こうした市民団体のキイは女性が握っているともいえる。

里山の再生・保全に、アクションする熟年

自然を愛し、自らの健康のために山歩きをする熟年が多い。こちらも女性群優勢だ。三対一の割合。びわ湖バレイが二〇数年来、毎年一〇回実施している「軽登山」は毎回二〇〇人

びわ湖バレイ自然塾の例会　林床をそうじしたあと、オカリナの音色を楽しむ

近い参加者が比良山系を歩いている。ウォーキングブームの先駆である。そうした熟年も年には勝てず、高齢者からリタイアしていく。それでも自然が好きだという人たちをフォローする意味で一九九七年、〔おとなの自然塾（現在、びわ湖バレイ自然塾）〕が生まれた。観察を中心に自然にふれている。そこからレンズをとおして自然をとらえるネイチャーフォトグループができた。いま総数一八五人。毎月それぞれ一回の活動だが、その日が待ち遠しいという。仲間との出会いもこの種の活動にはつきものの期待値だ。

ある日のプログラムに山頂での植樹を企画した。事務局を預かる者として単なる作業であることに遠慮があったが、後日、お礼の手紙がいくつも届いた。「自分が植えた木が比良の山で育っていくのだと思い、感動した。いい汗をした」といったものだった。

年会費は、通信費、教材プリント費に消えるほどのものだが、会員はびわ湖バレイの社会貢献の姿勢に共鳴しての〝協賛金〟という意識だ。

〔びわ湖バレイ自然塾〕に事務局は存在するが、会員の意思によって運営されているといってもいいだろう。市民活動（ＮＰＯ）として淡海ネットワークセンターのメンバーにもなり、一九九九年九月、おうみ市民活動屋台村に出展して、その姿勢をアピールした。

「湖沼会議市民ネット」にも参画した。二〇〇一年、滋賀県で開かれる第九回世界湖沼会議に大いにかかわっていこうというのだ。美しい湖水、地球と人類は森林が守っている。比良山系の山麓にひろがる約二六㌶の〝びわ湖バレイの森〟を再生・保存するため、二〇〇〇年春から里山づくりへ向けてのアクションを開始した。また湖国二十一世紀記念事業としてびわ湖バレイ自然塾が企画した『水と大地と炎の祭典』を滋賀県が応援してくれることになった。里山保全の過程で得られるタキ木を使って多くの県民とともに土器を野焼きしようというものだ。古く湖西は製鉄地で火を使った文化が発達した。水（サンズイ）と炎がひとつになったとき、二十一世紀の新たな〝淡〟海文化という土器が創造されるのである。

手入れされた里山は明るく開放的で美しい。そこは多くの動物や鳥たち、虫たちにとってもすみやすく、魅力的だ。都市が巨大化し、緑の乏しい生活環境にすむ人びとは里山の自然にあこがれる。そんな都会人のために〝びわ湖バレイの森〟を活動の場と位置づけていくことにしている。

森林は生きた自然・環境教育の場としてその価値は、以前にもまして重要となっている。文部省では学校週五日制とともに二〇〇二年から実施を目指す「総合的な学習の時間」で国際理解、情報、福祉・健康とともに環境をとりあげている。自然体験やボランティア活動などの社会的な学習に力をいれていくというのだ。〔びわ湖バレイ自然塾〕では、このカリキュラムの改変を先取りしたプログラムを構築し、〝びわ湖バレイの森〟を活動のフィールドとして役立ててもらうことにしている。

淡海の森を守り育てる熟年パワー

〔淡海森林クラブ〕が、一九九九年師走に発足した。設立総会に集まった熟年男性のなんと多いことか。「森林づくり活動をとおして、琵琶湖の水源である淡海の森を育てることに貢献し、自らは森林に親しみ、理解を深め、会員相互の親睦も深めよう」というのがクラブの目的だ。クラブではその目的を果たすために、森林の造成保育を行い、独自の活動フィールドを造成するという。〔びわ湖バレイ自然塾〕の目的・活動内容に重なるところが多い。

さきに行政主導の森林ボランティア（約四六〇人）が組織され活動してきたが、こんどは民間主導型として、いわば発展的再発足をするという。自らの健康と生きがいのためとはいえ「淡海の森」を守り育てるというボランティア精神に奮い立つ人が多い。〔びわ湖バレイ自然塾〕は、いちはやく社員に呼びかけ、率先して団体登録した。淡海森林クラブの活動に、企業ボランティアとして派遣されることになる。「淡海森林ボランティア」の今後の活動に期待するところ大である。そこに所属する熟年たちにエールを贈りたい。

ある調査で、里山づくりに参加しての感想を聞いている。参加者の答えは、自然に親しみながら体力づくりができ、余暇活動にうってつけだ、が五八人（回答者総数九七人、複数回答）。自分の力が里山の管理に役立ち、その分、里山が美しくなると思うとたいへん充実した気持ちになれた、が五七人。さらに体を動かして体験したり、こどもの生きた自然教育として効果的だ、が三九人だった。今や、市民の自然志向は、都市公園、遊園地に飽き足らず、より自然らしい緑と触れあうことを求めている。森林はわれわれに〝癒し〟を与えてくれるからだろう。

私の周辺のごく限られた熟年たちのパワーを見てきた。地域の人的ネットワークの構築と、ともに学ぶ姿勢、自らの生きがいを自ら育てようという熟年パワーの〔おおつ21世紀塾〕。自然と人間の共生、里山の復権、みどり豊かな森、美しいびわ湖を、と願う〔びわ湖バレイ自然塾〕。いずれも熟年の意気込みが熱気となって伝わってくる。〔淡海森林クラブ〕の会員は、会費を払ってのボランティア活動だ。里山への郷愁もあるだろうが、自らの手で里山づくりをするのだというロマンもある。それにしてもその心は、純真だ。「やる気を出せばやれるのだ。自ら意識を変えていくのだという強い意志をもて」という教訓。

熟年、健在なりである。

介護保険からまちづくりを考える

滋賀地方自治研究センター　常務理事
北　川　憲　司

わがまま者の誕生記

もうどこまで走ってきたのだろう。わがままなエンジン付きの飛行機になってから二十年も経ったのだろうか、三十年も経ったのだろうか。そろそろ「後継養成」の世代に入ろうとしているのかもしれない。

「後継養成」といえば、障害者福祉の田村さんのミョウガ村精神を座右の銘にしてからも久しい。「自然髄順」、「賢愚和楽」、「物心自立」、「後継養成」、この世の曼陀羅を整理された姿である。

今から思うと、三十代の頃、仕事の意味を十分考えるでもなく、もちろん職務権限があるわけでもなく、そして何かにのめり込んでしまうでもなく、とにかく多くの人との出会いが楽しくてならなかった。もちろん今でもそうであるが。

その頃、よく織田氏から「自由演技」、「規定演技」の話を聞かされた。また、山田実氏から「風の人」、「水の人」、「土の人」とよく聞かされた。多くの人と出会い、毎日、名刺の数を数えていた。思うに、私の位置は自由演技をする水の人の位置であった。そして、この滋賀や東京においてその後、それぞれの道を歩み出し、今日に至っている。

しかし、私から見ると、このわがまま者を生み出した、滋賀というもののポテンシャルは、太陽系における地球の位置、そして地球そのものの適度な大きさから生まれるべくして、生まれたのではなかったのかと。

京阪神中心地域から適度な距離で、植民星でもなく、はぐれ星でもない位置、そして交通の便、地価の割安感、水の豊かさ、自然度の相対的有利、および琵琶湖を中心にして、一日で一回りできる適度な大きさなどである。その結果、大企業の誘致による、もともと経済的に豊かな農村の一層の豊かさと、生活に困らない高学歴人材の流入が相俟って、今日の滋賀を形作っていると言ってもよいと思う。

学んだ十訓

琵琶湖という環境問題の目に見える素材を前にして、その風の人、水の人、土の人がそれぞれのポテンシャルに基づき、「文句を言うより、行動する方が早い」という形で滋賀の在り方を規定してきたと思う。その中で、次のようなことが、気づいたり、学んだりしたことである。

一．物事をなすには勇気ではなく、軽薄さこそ肝要であるということ。

二．気の強い人間より、気の弱い人間の方が多くのことを学べるということ。

三．すべてを手中に収めてはいけないということ、場合によっては自らにペナルティーを加えるということも必要であるということ。

四．言い古されたことであるが、成果はほかに、苦労は自ら。

五．上下関係ではなく、いつでも役を終われば、自分が消えてなくなるように、ネットワーク中心に行動すること。

六．人間は決して賢い動物ではないが、しかし可能性のある俗物であるということ。

七．俗物が本音で表現するのが市場の動きであり、そこを離れてはいかなるものもうまく行かないということ。

八．俗物が動くためのインセンティブはなにかをいつも考えること。そして動いた先にはいつも可能性と成果を保証すること。

九．市場を前提に、かつ情報公開を前提に、賢いユーザーを作り出し、かつ多重のセーフティネットを作り出すこと。

一〇．古い言葉かもしれないが、志のない個人も組織も長続きしないということ。

そういうことを学びながら、利権も含めた古い仕組みの中で、へどろが溜った規定演技から、一時的にしろ離れて、新しい息吹を体いっぱいにはらんだ自由演技を楽しんだ。その中からエンジン付きの飛行機を手に入れ、再度その規定演技に新しい力でもって、メスを入れることが興味の対象になって十年がたった。私にとって介護保険の仕組み作りとは、まさにそういうスタンスの前に転がりこんできた、おいしいものの何物でもなかったのである。

環境問題、そして介護保険へ

介護保険に関わる前には、環境問題の行き詰まり、すなわち善意の人々による市場を無視したリサイクル消耗戦と、一部の人による精神主義的ストイズムによる行き詰まりを、市場を通じて解決する仕組み、すなわち、だれかを悪者に仕立てて、自分は責任を採らないやり方ではなく、それぞれの立場で、グリーン購入、エコプロダクト、エコファンド、そしてISO14000を中心とした、それを包摂するエコマネジメント、ゼロエミッションを提唱し、行動に移すこと。その流れを作り出す一助に関われたと考えている。

そして前にみえる視野は日本の市場経済であったし、その先の射程は中国問題を中心とした世界市場であった。

現在関わる介護保険の視野は、滋賀県内の市町村のコミューンとしての自立であり、市民の動きのバックアップである。そしてその先の視野は、地方分権であり、戦後の利権システムにささえられた右から左までの既得権の、市民と自治体側からの解体であり、市民社会に支えられた新たな「くにのかたち」の再構築である。

介護保険を巡るドラマ

介護保険に関わってきたなかでのドラマと言えば、いくつかある。

第一に、介護保険の策定委員会の公開公募システムの及ぼした影響である。負担と給付のリンクという仕組みの中で、多くの市町村で市民の自己責任、自己選択が自覚され出したということ。

そして、市町村の職員がパートナーシップとはいかなるものであるかに気付きだしたということ。これからの行政は、建前百点ではなく、継続的改善である。そのためには、情報公開が前提であるということに気付いたということ。お役所仕事から転換し、サービス確保するためには、行政マンが、営業マンもやるということ。市民の顧客満足度を確保するためには、判り易い情報提供の仕組みを作り出すこと。サービスの質を担保するためにも、提供側にも、利用側にも理解できる基準や、情報項目、評価方法、オンブズマンシステムを作り出すこと。太陽政策を採ることが気付きだされている。

特にこの分野に市町村としては人材を投入していることが多いだけに、彼らのそのことに対する気づきは大きな意識変革をもたらすと考える。

第二に、介護保険の策定過程を通して、介護保険のサービスに留まることなく、地域における安心ネットワークを作り出すためには、何が課題で何が必要かを地域で議論し、その上で、介護保険サービス、国の補助制度、県の補助制度を利用し、足らないものは市町村単独でも実施し、そして理屈抜きで助け合うということが議論できる環境ができつつあるなどである。

いくつかのドラマを述べてきたが、これら介護保険を通した動きこそ、実は今までのまちづくりと言われているものの、単に自由演技のまちづくりということではなく、規定演技のまちづくりを、自由演技の視点で可能にする仕組みが提供されているということに気付いていただけるだろう。

しかし、依然として介護保険を上意下達の視点でしか理解のできていない市町村も少なからずある。その上、地方公務員としての今までの優秀さのため、そつなくこなしてしまった不幸な市町村も存在する。気付いた市町村といよいよ格差が付くことになるのではないか。地域間競争は始まっているのだ。

元気印のメッセージ

「馴れずし」を通じたネットワーク活動

環境と食の研究会　代表
鈴木五一

我々の活動は、「鮒ずし」に着眼してもう十年になります。琵琶湖の環境の変化と「鮒ずし」の生産流通の変貌を聴き取り調査をしたり、県民の意識調査を実施してきました。また、主に魚を使った発酵食品としての「馴れずし」の国内分布や「鮒ずし」のルーツを調査してきています。その成果は、雑誌などにその都度発表していますが、自費出版物としては、『鮒ずし」に関する市民意識調査（一九九三）』『中国雲南少数民族のナレズシ（一九九五）』『「ふなずし」を考える（一九九七）』があります。

岐阜の長良川のアユズシ、和歌山の新宮のサンマズシ、秋田のハタハタズシ、北海道のニシンズシなど全国各地に「馴れずし」は生き残っています。淡水もの、海水ものの違いはありますが、環境とのバランスをある程度確保しつつ、地域の地場食品としてこれからの役割は大きくなっていくのではないかと思っています。中国やタイ、ベトナムの少数民族の村では、衛生面や代替食品の進出により、「馴れずし」の分布状況が大きく変わりつつあります。味も含め、風水土を大切にした地域文化を大切にし、地域を支える人達とのネットワークを作り上げていくことが、地域の環境文化を育てていくことにつながるのではないかと考えています。

研究会では、ホームページを設置しています。ご覧いただき、「馴れずし」の情報をお寄せ下さい。

（http://www. nk. rim. or. jp/~yassi/efc1. htm）

暮らしをわけあう街で暮らす

甲賀郡障害者生活支援センター　牛谷正人

本稿は、平成十年十一月二三日に甲西町にある甲西町伝統工芸会館で開催されたひと・まちネット滋賀第六回交流会での講演録をもとに原稿化したものである。

障害者の二四時間介護を分け合う

障害者福祉だとか、高齢者福祉などもそうだが、これらは日本型福祉などといって、身内の者が、特に家族の者が支えるのが当たり前ということになっている。最近ゴールドプランといい、これから高齢化社会を迎えるにあたっての国の施策として、ひとつは特別養護老人ホームという、家庭での介護が困難である方を預かって施設で介護させてもらう施設を積極的に配置していくことがあげられた。あわせてお家の方が、何かの事情で家を空けなくてはならないとか、日頃の疲れをとってリフレッシュしたいなどという時に、ショートステイとして施設を一時利用していただく、さらに在宅介護支援センターを隣接させて介護相談を行う、またデイサービスで昼間いろいろなレクリエーションを楽しんでいただく。そしてそれぞれのお家にホームヘルパーを派遣して、二四時間介護する負担をお家の方だけでなくわけあっていくといったようなことが行われている。

誰もがいつかは歳をとるということで、こういった事業はわかりやすいのだけれども、障害をもった人たちはどうなのかというと、ほとんどそういう施策はなかったといえる。唯一あったのは施設入所ということだが、これは施設の中で済ませてしまうということで、まだまだ障害のある人の生活が保障されているとはいえない。そんな中で昭和五四年から、養護学校が義務化され、どんな重い障害をもつ人でも集団で、つまり学校で教育を受ける権利を保証しようということや、昭和五六年から十年の国際障害者年では、障害があるということで社会に参加する権利を奪われることがないようにというようなことが採択され、様々な行事やアピールが行われた。

障害があるということは、生まれながらの原因や病気であるとか、生まれるときのアクシデントで障害を持ってしまったということで、ある意味で医療的に手当をすることができるが、本当の意味での障害は何であるかというと、対社会との間に生まれるストレスではないかと考えられる。これまでは、家族の献身的な介護による在宅か、地域での生活が無理ならば施設で預かって囲い込むという、二極に分かれていた。それが先ほどいったように、社会の側がその方たちの社会参加を拒んでいるのではないか、という視点に立とうということになってきた。たとえば、身体に障害がある方たちは一〇センチの段差があると、そこをひとりでは越えられないが、スロープがあれば越えられるというように、社会の側がアプローチしていく方向性が示されてきたのだと思う。

全国に先駆けた取り組み

私共支援センターが支援の対象としている知的障害の方々に対しての援助というのは、なかなか育っていかない。それは何が原因かといえば、知的障害がわかりにくい、つまりそれぞれの方が持っている障害の内容が見えにくいということがあるのではないかと思う。歩けない訳ではない、しゃべれない訳ではない、手が動かない訳でもないということだ。ただ社会的な生活を送ろうと思えば、お金の価値観がわからない。例えば千円札一枚でどのような物が買えるのかわからないといったことで、当然そういう方々が町の中に出ればトラブルが起こるということになる。サービスの内容は、高齢者のサービスで整備されていることを、そのまま障害のある人、知的障害の人にも提供していこうということで、メニュー的には同じような内容になっている。全国に先駆けて、そういうことに注目して取り組んだのが滋賀県である。現在、ここ甲賀郡をはじめとして湖西地区を除く六カ所（平成十二年四月現在）

で実施され、平成九年に発表された県のノーマライゼーションプランでは、平成一四年までに滋賀県全域で、障害の程度や種類に偏らず、このようなサービスを提供していく計画である。こういったことを年限をはっきりとさせて発表されたのも、全国的に見て滋賀県が最初で、ある意味では誇りに思っていいものと思う。

望む生き方が実現できる社会を

私共がこの事業を始めたいとなぜ思ったかといえば、障害の有る無しにかかわらず、これからの社会は自分がこういう生活をしたいと思ったそのことを実現できる社会であるべきだし、そのために具体的な手助けをしたいという思いからである。一歩間違えると、健常な人々の生活が当たり前で、障害をもっている人をそれに近づけるのがノーマライゼーションだと思われてしまうのだが、それは違うと思う。障害をもっている人自身も周りの人も、障害をもっていることは不幸なことだと思わないで、望む生き方を実現できるような社会の環境をつくっていく「アメニティづくり」が必要だと思う。全体としてこのレベルまできたら幸せというのではなく、個々の幸せを追求していけるような社会が、本当の意味で健全な世の中ではないかと思う。そのためのアメニティづくりが支援センターの役割だと考えている。

映画「まひるのほし」を語る

本稿は、平成十年六月二八日に信楽町で開催されたひと・まちネット滋賀第七回交流会での講演録をもとに原稿化したものである。信楽風と土の会との共催で映画「まひるのほし」の上映会を行い、その後、佐藤真監督を囲んで交流会がなされた。

映画監督　佐藤　真

映画「まひるのほし」

兵庫県西宮市の「すずかけ作業所」、滋賀県信楽町の「信楽青年寮」、神奈川県平塚市の「工房絵」の三カ所で八ヶ月かけて撮影された、アートで自分を表現しようとする知的障害を持つ人のドキュメンタリー映画である。一時間三三分。知的障害者の優れた作品や素晴らしい芸術活動の紹介ではなく、アートという創作行為を通じて言葉にはできない気持ちや心を描けないかと取り組まれた作品は、全編にわたって一切ナレーションがないため、見る者に言葉を通してではなく直接心に訴えかけてくる何かがある。「普段自分たちがどんな常識や概念にとらわれているのかが、障害者アートを通じて見えてくる」とは佐藤監督の言葉。以下は試写会後の佐藤監督の講演内容である。

ズレることから始まる

この映画は「知的障害者のアート」というテーマで撮ってほしいと監督を頼まれたもので、比較的急に作ろうということになったものだった。

「まひるのほし」を監督するにあたり、当初考えていたのは、優れた知的障害者のアートを紹介する普通の意味での記録映画ではなく、また、その作品やアート、造形活動が優れているということではなく、アートすること自体が喜びの表現であり、心の世界を創造することであることを表現していきたいと思った。それには、決して作品として優れていなくてもいいんじゃないかとか、そもそも人の心というのは覗けない、覗けないんだけれども覗けないなりに絵になったり彫刻になったりすると、本人がどう思っているかということとは別にそのことひとつで心の世界が覗けるということがある。そのためには、そういった優れた作品を紹介することではない何か別の根拠を、この映画の中で見つけなければいけない。

映画に登場するシゲちゃんは絵を書かないし、彫刻もしない。ただひたすらメモを書く。メモなら誰にでも書けるし、そのメモも自分のこだわり、女性へのこだわりを表した言葉を延々と書き続けるだけである。何かを強烈にやりたい、一番自分がやりたいと思うことをそのままストレートにメモに書いているだけなのに、それを作品として何枚も何枚も並べたときに、僕は現代アートといわれるコンセプチュアルアートが持つ「抽象のための抽象」とか「方法論のためだけの方法論」をある意味で超えてしまっているのではないかと感じた。自分の障害を意識しながら同じメッセージを書き続けるシゲちゃんの作品には、おかしみの中にも、二三歳の若い青年の苦悩が、そして青春のせつなさが垣間見え、アートとして自立しているのではないかということである。

もちろん舛次《しゅうじ》君の作品も喜彦さんの作品も自立しているわけだが、僕から見ると障害者のアート、陶芸であるとか絵画であるとかを、シゲちゃんの場合は小気味よくずらしてくれているので、いったんずらしてみると逆に喜彦さんの作品のすごさがよく見えてくる。舛次君はものも言わずに延々と絵を描いているのだが、彼の中にも苛立ちや青春の鬱屈だとか、女性へのこだわり、怒りなどがあるはずだなあとか、喜彦さんもいつもニコニコしているけれども、一見楽しそうに話してくれることの見えない部分である奥行きや触れられない心とか、言葉では語っていないことが、別の人を通して見えてくるということがある。このことが、僕がこの映画をこういう形の説明不足のままにしたというひとつの意図である。

アートの本質

知的障害者のアートという映画の裏にある僕のメッセージは、「アートなんていうものはたいしたものではないし、誰にでもできる。世の中のアートが美術教育の中で基礎からデッサンをやってという方法論に縛られているのに比べ、これは単なる遊びである。アート界ではどうしても頑張りとかいう精神性が必要だなどと考えている枠組みがあるのだが、知的障害者のアートは、そういった枠組みからスタートしていない。だから、そこから見ると自分たちが抱えている『アートとはどうあるべきか』『絵画とはどうあるべきか』『教育とはどうあるべきか』『人間の自立や社会性』などという既成概念が揺さぶられるんだ」ということなんだ。

アートの本質とは、ガラス張りの美術館の中に収められるものではない。生きている日常の中で野原に咲いている小さい花やふと見上げた空に浮かぶ雲、そしてそれを何も考えずに描いた作品が見る人にとんでもない感動を与え、生きる可能性を変えてしまうこともあり得るのだ。非常に個人的でつくることが楽しいという純粋なところからスタートする知的障害者のアートは、見る側の固定概念を外し考え方を変える力をもっているのではないかなと感じている。この映画は、障害者アートとは何かという意味を解体するという目的からも、一切ナレーションを入れなかった。映画音楽もそれ自体が意味を持たないし何がなんだかわからない、意味を解体してくれる歌として井上陽水を使った。

言葉から発しない無意識のアート

僕は知的障害者といわれる人たちのアートの前では、言葉は無力であると思っている。言葉で解釈しようとすればするほどずれていってしまうものがある。例えば作品をどのような形容詞で表わすか。言葉で説明しようとすればするほど作品からずれてしまい、結局は何がなんだかわからないと言った方が一番よくわかるということになってしまう。でも何がなんだかわからないことは、つまらないということではない。そもそもアートが言葉から発していないというだけのことなんだ。

既成の抽象芸術とか現代芸術がおもしろくないのは、言葉から発して言葉の範囲で終わってしまっている作品があまりにも多すぎるからである。例えば、同じものが繰り返されるということからいえば、そのまんま同じものの数を百とか二百とか揃えるだけで、言葉から始まってそこに留まっているというつまらなさなんだ。だから、作品を言葉から発せず言葉から延々とズレていくという知的障害者の作品は、現代のアーティストたちが一番怖がっている作品だと思う。美術館などで知的障害者のアートを作品展として並べられると、今まで自分たちがやってきた抽象芸術の足元が揺さぶられるという恐怖がある。何も基礎がなく描いた絵がすごかったら、芸大を出て二十年、苦労してやっと個展を開いた自分はどうなっちゃうんだろうと。しかも、その怖さの根拠は自分が理屈でやったものよりも、何も考えずにやったものの方がすごいということだ。無意識であることを意識して無意識をつくろうとする。こうしたある種のパラドックスは、意識をはずそうという意識のところで下手をすると非常に嫌らしくなるものである。

そうした言葉にならないものが映画の中で描ければいいなということを考えていた。だから映画の中で、この作品はどう評価されているとか、こういう障害をもっている人だからこういう作品ができるといった概念的な情報や作品の見方、作品が成立する根拠を言葉にするのをやめた。言葉に頼らないで、ぼーっと見ていると、芸術とは何かという常識が揺さぶられる人もいるだろう。また福祉の映画としてけしからんと思う人もいるだろうし、説明不足だという人もいるだろう。それはその感じ方のまま受け止めていただきたいというのが、今回の作品の狙いみたいなものである。

草の根の国際交流を生かしたまちづくり

㈱地域計画建築研究所代表取締役社長　金井萬造

草の根レベルの国際交流

国際交流活動は自治体や経済界などの交流が従来からさかんに行われてきたが、最近、草の根レベルの交流、すなわち国民同士が互いの肩書きを外して、直接、個人レベルで話し合い、心と心のふれあいを大切にして相互理解を促進させる交流の流れが出てきている。

国際的交流そのものが言葉や文化や慣習の違いを乗り越えて、互いの誤解や偏見を解消し、相互理解の深まりの力を通じて、個人や国同士の信頼関係を強め、自己実現や個人の成長にも資する役割をもっている。

ここでは、高速交通体系や情報通信手段の発展やグローバル化の進展と歩調を併せつつ、最も基本的な人と人の草の根交流を、まちづくりに生かしていこうとする取り組み経験から教訓を引き出してみたい。

草の根交流サミット大会の企画内容

草の根交流サミット大会は両国の間で、交互に年一回開催され、一年間の準備のもとに相互の国を二百人から三百人が訪問する。

サミット大会は開催地関係者で実行委員会が結成され、受入れ準備がされる。大会は本大会とウェルカム・パーティで始まり、主として地方都市で分野別、テーマ別（その地域のテーマを重視する）の分科会（交流会）が開催され、二〇人位の訪問者を迎えての小規模単位で両国の国民が直接に意見交換を実施したり、地域の歴史や文化、コミュニティ活動を草の根レベルでの案内、紹介、体験、参加を通じて理解を深める。従って、分科会は概ね一〇～一五ケ所で準備され、通常、二泊のホームスティが実施される。

ホームスティでは、ホストファミリーとの交流を深め、家庭生活や地域コミュニティの案内や体験から参加者同士の相互理解を個人レベルで深めている。草の根交流で分科会とホームスティは重要な位置を占めている。

分科会とホームスティの後は、全ての大会関係者が参加してのフェアウェル・パーティがなごやかに開催され、次年度の相手国のサミット大会の企画内容が発表され、ホームスティを受け入れた人々の参加と再会や個人レベルの交流や様々な機会を生かしての多様な交流の出発点となる。

草の根交流の意義

従来の国際交流は何らかの組織の間の交流が主なものであったが、草の根の交流はその言葉どおりに、国民一人一人の個人レベルの直接の交流による異文化、異習慣の体験を通じての相互理解を深めていくことをめざしていることに大きな特徴がある。

語学の壁や参加前の不安があっても、ホームステイの実際の体験による生活を経験して、人間同士の相互理解が自然に簡単にスタートでき、その時の感動や感激がサミット大会以後の生活や活動の面で積極性へと転化し、人脈の広がりという収穫を得て、更なる活動の源泉になっていく。

地域づくりやまちづくりの面からみると草の根の交流によって得た経験や知見が自然に生かされていく展開になっていく。人は自分で得たものをコミュニティや地域へ生かしたいと思うと共に、個人や地域や社会がこのネットワークを生かして外国の人を迎えることを通じて、まちづくりのノウハウに転化していっている。

草の根交流サミット大会の成果物

国際草の根交流のサミット大会の参加と企画・運営によって、つぎのような成果が出てきている。

① 国民一人一人のレベルの友情や信頼関係を育んでいる。平成十二年で一〇回大会を迎え、一万数千人の人の交流へと広がりをみせている。

② 大会という事業から友達としての日常の身近な交流へと発展している。多様な発展系が進行している。

③ 分科会を通じて共通の課題やテーマについて、異文化の目でお互いを本当の姿で知る糸口の役割を果たしている。

④ ホームスティを通じて自分自身を発見する機会、出会いの場となっている。見て、触れて、感じて、気軽に意見を交換しての機会は分科会と共に大切である。

⑤ サミット大会や分科会はボランティアで運営している。経済面からみて、大きな予算があった事業ではなく、地域の手づくりの温かみを大切にする運営がされている。情報通信手段の発達により、募集活動や情報の発信・受信にインターネットが活用されている。

⑥　各地の草の根レベルの国際交流が多様に芽生え、多様なまちづくりに結びついている。例えば、青少年の交流、学校訪問、ホームスティ、農業交流、障害者とまちづくり、地域の文化おこし等へと発展している。

草の根交流の課題とまちづくりの展開

草の根交流の課題を整理する。

まず、大会の企画や運営については、人脈やキーパーソン、地域情報、企画運営ノウハウが大切で、常に生きた活動のチャンネルが大切になる。経済面でも従来の予算組みが難しいことから、ボランティアや手づくりの費用がかからない運営形態の工夫がされている。情報を生かした展開も大きく貢献している。大会の企画・運営そのものが若い人々のインターシップの研究・教育の場として取り組まれ出している。

また、大規模単位から小規模単位へ、集中から各地の分散開催への方向も手づくりでいて実行可能な取り組み単位の開催の方向となっている。大会経験者が核となった各地域組織の整備、日常の交流や取り組み企画から小規模単位で多様な企画が実行されだし、相互の経験交流も情報通信システムや草の根通信などにより、活発化している。大会参加の感動を大切にし、まちづくりに生かすため、大会毎に報告書を作成し、学習や知る機会として活用している。

元気印のメッセージ

ブラジル友好交流使節団に参加して

上原一次

一九九九年八月に県の推薦を受けてブラジル友好交流使節団の一員として地理的には最も遠い国ブラジル連邦共和国を訪問する機会に恵まれたので、この目で見て肌で感じた印象をお知らせする。

ブラジルと聞くと、コーヒー、リオのカーニバル、ペレーを生んだサッカー王国、等を思い浮かべる程度だが印象を一口で言うと「広大で不思議な魅力に富む国」である。土地の広いことはいうまでもないが穀物、果実、野菜、肉魚類、のすべてに豊富な食料資源大国で二十一世紀に世界の食糧難時代がきても持続発展成長可能な国である。そして、そこに住む人々は開放的で親切で人間味あふれる心情があった。日系人は少数派であるが民族としてのステータスは高く、各方面で活躍している。この大国に根を張った開拓精神と勤勉が評価されているが二世・三世の時代に入りつつあるので日本語のボランティアが求められている。

滋賀県と姉妹提携しているリオ・グランデ・ド・スール州に四日間滞在して各地で親善交流会が開催されたが、どの会場でも夫婦ペアの出席が多く、意見交換も女性上位で旧知の友人に再会したような接待は日本人では真似は出来まい。「人種のルツボ」とも言われるブラジルで国際交流の本質を垣間見た思いがする。

パラナ州の首都であるクリチーバはドイツをはじめヨーロッパ系の人々が多く、街の風景も欧風調で公園や道路が整備され公共施設、商店街、住宅地は明確に区画されている。何よりも目を引いたのは、住宅街の各戸の玄関にゴミの分別収集箱が色分けて整然と並んでいたことである。聞くところによるとゴミは各家庭で分別することが義務づけられていて、容器包装類はその殆どがリサイクルされ、費用は関係する企業が分担しているらしい。ゴミ問題は住民の最も身近な環境問題で、日本でも減量化について色々な取り組みがされているが、中央省庁でさえ自らのゴミ減量計画が達成されずに逆に毎年増えている実態と聞いている。滋賀では環境こだわり県として官・学・民の横断的な枠組みでゴミの減量や、リサイクルしやすい新素材の研究が進められ、十一月に「エコ容器包装協会」を設立、全国から注目されている。

これからは地域住民の問題意識を高める運動が徹底するように連帯の輪を広げていくことが必要である。そのためにも外国の事例は大いに参考になると思う。滋賀県とリオ・グランデ・ド・スール州とは琵琶湖とパットス湖、いわば湖がとりもつ縁で一九八〇年に姉妹協定が結ばれ二〇周年を迎える。しかしながら湖があるという発想だけでの協定ではなく環境実態や歴史・文化等を十分に研究把握したうえで締結すべきものと考える。環境先進文化都市クリチーバを訪問して強く感ずる次第である。

『助け合い、学ぶ心があれば、国境はない』

◆第6章◆

「ひと・まちネット滋賀」について思う

（幹事）　織田直文　大平正道　上原恵美
林田久充　阿部圭宏

「多面体の個」のネットワーク

織田　今日は「ひと・まちネット滋賀」（以下「ひと・まち」と略）の五年間を振り返り、何か得たものがあるのか、また今後どうあるべきかについて語り合いたいと思います。

上原　でも「ひと・まち」で括られている世界だけではだめでしょう。ここを基点に様々な広がりで見ないと。例えば「ひと・まち」が無ければあんなにうまく「福井・滋賀・三重三県市民活動フォーラム」（P89〜96参照）ができたかどうかとか。

織田　そうです。その広がりで話し合いましょう。

阿部　確かにネットワーク的な仕事をやる当初に、「ひと・まち」でつながるということは多かった。

織田　とすれば何かネットワークの使い方の「荒いデッサン」を示したような気がする。淡海ネットワークセンターはそれをもっとしっかりつくりあげた組織という感じだが、「ひと・まち」は実験的な感じがする。

阿部　ネットワーキングをする際に一番大事なことは、「自分を持っている」ことだ。交流会なども、そこに集う人たちの魅力で支えられてきたように思う。

林田　おもしろいのは、絶対出あわない人が「ひと・まち」では自然に出会う。意外と出会いにくい間がらもあるからやはり、このしくみは貴重だといえる。

上原　ひとつの出会いの「しかけ」でしたね。

織田　クローズドな組織はすぐに人間関係というか、組織としては固まっていく。ところが、ネットワークの世界は個人を核にアメーバー状に成長発展していく。柔らかいが、しかしダイナミズムをも持っているということで、魅力なんだな。

上原　私は「ネットワーク関西・くれない塾」に加わっている。その滋賀版として「くれない塾・滋賀」があるが、メンバーは「くれない塾」本体ともだぶっている。それは「ひと・まち」のやり方にヒントを得てきたように思う。ここでネットワーキングの仕方を学んだ気がする。

織田　ネットワーキングというのはわかっているようで、実態がつかみにくい。どうも頭で学ぶより、感じとるようなもので、だから、書物で表すのは難しい。

林田　でもネットワークとはいわなかったけれど、これまでの草の根まちづくりやピープルプレス（昭和五十年代に発刊されていた県域対象のミニコミ誌）等ですでに芽生えていたと思う。県と市町村職員との交流、総研サロン、種々のグループ間の交流はあったと思う。しかし、「ひと・まち」は個人をばーんと前面に出してネットワーキングすると宣言した。個人の背景として所属するグループや、あるいはその人なりのいくつかの顔をのぞかせながら、県の中での位置づけとか、団体の協議会等とは違うものとしてスタートしたところが潔かった。

大平　それまでは、団体の長が集まって、それぞれの団体をバックに何かやろうとした。ところが、「ひと・まち」は違う。あくまでも個人である。そして自由に話し合いましょうというのが基本だ。みんなフィールドワークを持っているから、ネットワークをすると、それが相乗作用でどんどん活きてくる。甲賀郡と高島郡との「たすきがけフォーラム」（P97～105参照）などもまさにそこから生まれてきたと思う。

林田　みんなが多様な顔をもっているからいいと思う。話していてもいつもそれぞれが、いくつもの顔をのぞかせていて、そこからどんどん話が広がっていく。

上原　そう、一人ひとりが「多面体」。

織田　組織で動くときは組織の持つダイナミズムが勝って個人はそれに合わせるでしょう。いうなれば多面体としての「個」の良さを殺すわけだ。ネットワーク社会は、まったくその逆で、個人が持っているダイナミズムがいい意味で先行するから楽しい。あるものだけに縛られず、絶えず変化し、どこが膨らむかわからない。それはあぶなっかしいという人もいるが、いい面が出るとすばらしいことが起きる。

林田　今までの組織というか、組織論で足らない部分、人々が求めている部分がここにはある。

阿部　ネットワークでは「個」と「個」しかありえないと思う。市民団体といっても、結局「個」が主体でしょう。

大平　やっぱり多面体の「個」のネットワークやで。

「なにもしないネットワーク」の魅力

上原　多面体の「個」と「個」のネットワークときれいにまとめられたけど、最初からわかっていた訳ではなかった。

織田　当時は全国的に団体の協議会方式でネットワークする発想が大勢だったので、じゃ我々はちょっと変えて個人のネットでと軽い気持ちでスタートした。後はやりながら無意識のうちにネットワーキングの意義やあり方を学び、五年目を迎えたというところかな。ただ、もうひとつ発足当初の課題に、運動体的な目的や事業無しでスタートし、はたして「ひと・まち」はこれでいいのだろうかという不安もあった。いつも何かすべきだといった気負いを引きずっていた。その点についてはどうだろう。

林田　当初我々は「運動体」にはならないと宣言した。私としては少し寂しいところもあった。グループや組織の集まりは必ず目的をはっきりさせることが常だし、欲しいと思うのが普通だろう。でも、不思議なことにそれがなかったので、つまり「何もやらなかったこと」が、結果的に「ひと・まち」を長続きさせたと思う。

織田　そういう意味では、杉原正樹氏のレポート、ガチャコン倶楽部の「なにもしないネットワーク論」（P69〜72参照）は、今日の我々の議論を言い当てている点で、みごとだね。

阿部　市民活動団体などの中には、立ち上ってできた時はエネルギーを持っているけど、一年ごとに見て行くと、その後まもなく休眠しているとか、場合によっては無くなっている。それを思うと「ひと・まち」が五年間続いてきたということは、実はすごいことだと思う。林田さんがいうように最初から大上段に構えなかったのが良かったと思う。

織田　あの頃、他府県でもいくつか同種のネット組織が生まれたようだが、うまく続いている話はあまり聞かないね。

阿部　年二回の交流会は今だに新鮮だし、みんな結構有意義だと言っている。それとメンバーが固定化していないのがいいいんだ。

織田　そういえば毎年一〜二割ほどが絶えず入れ替わっている。交流会も当初の頃は年一回ぐらいが精一杯と思っていたら、それでは寂しいということで年二回ペースで順調に続いている。

林田　身の丈にあった理念や組織のあり方、活動内容、事務局を持ちまわりでやってきたというのがポイントじゃないだろうか。一時期、事務局を行政やしかるべき団体にお願いしてはという話もあった。でも幹事が引き受け、つまり民間サイドでやり抜いてきたことも、成功の要因だったと思う。

織田　あの頃は、風と土の会の柔らかいやり方が下敷きになった。発足時のメッセージは大平さんの草稿なんだけど、風と土の会風と見ていたのが、ネットワークの真髄を捉えていたと今になって分かった。脱帽や（笑）。

実をいうと「淡海文化の創造」の政策の中からネットワークセンター構想（当初は「サポートセンター」だった）が生まれたが、「個」がこれだけ育ってきているなら、ネットワークセンターは別に県民が自らネットワークづくりを進めてもいいんではないかとなってきた。最初のきっかけが県の施策だったという頭が僕にはあって、一、二年目のしんどい時に「もう少し行政も支援してくれたら」という、今思えば甘えた気持ちを抱いた時期があった。しかし頼らずここまできた。

交流会も事務局が世話をするのでなく、有志が段取りをつけてやってくれ、仕事の仕方もネットワーク型が身についた。事務局に過度の負担がかからないやり方が定着したのも続けられた要因だと思う。やれる人間がやる。やはりネットワーク社会に合った、我々に合ったしくみを掴みかけてきた五年間であった訳か。

阿部　滋賀まちづくり研究所（森川稔氏レポート参照。P84〜88）もずっと続いていて、あそこもきっと同じような議論があったのだろうけど、やはりネットワーキングの良さを理解していると思う。

林田　活動内容もそうだけど、「滋賀まちづくり研究所」のニュースレターはりっぱだね。

『出会いと学びと交流』の場であり続けたい

林田　ところで会員全員がここで話しているようなことを感じてくれているかどうかはわからないな。

上原　私たちだって、なんとなくもやもやしていて、今日こうして話し合っているうちに初めて分かってきたんだと思う。言葉になって初めてはっきりしてきた。

大平　それやったらこの本を出す値打ちはやっぱりあるで。（笑）

織田　それはそうと我々の取り組みは地味なのか、わかりにくいのかあまりマスコミには、取り上げてこられなかったな。

阿部　それでよかったんじゃないか。ペーパーにすると大々的になる。マスコミ等で扱われれば、大抵はよしもっと頑張ろうといい方向になる場合が多いから、取り上げられることにこしたことはないのだけれど、しんどくなる場合もあるでしょう。

上原　イメージが膨らんでくれるのはいいのだけれど、こちらが合わせないといけなくなる場合がある。継続できた要因である「身の丈にあった展開」というのが崩れる恐れがある。
林田　もちろん情報公開だから情報はオープンなんだけど、あえて無理なおもてなしになるような情報提供はしないというスタンスがあったと思う。交流会でも誰がゲストで誰がホストかという意識を持たず、皆対等、同じ参加者意識でやってきたのがよかった。
『出会いと学びと交流』ということを、皆が同時に同じように求めて来ている。主催側はふつうすぐホスト意識が出るのだが、それがないのでマスコミで取り扱ってもらうという事もほとんど意識せずにこれたと僕はみている。
上原　自分達の勉強なんだから。
織田　でもなんとなく、ここで議論しているようなネットワーク論の意味は伝わりにくいので、外から見れば「なんや、あんたら好きなモンが、ただ集まってコチョコチョやってるだけやないか」という評価で終わってしまうような気もして、今の話ではすっきり納まらないような気もする。だから、今回の本の発刊に意義があるのか。それと、『出会いと学びと交流』の場であり続けたいというのはいいね。

パートナーシップ型の地域づくりへ

大平　お互いが「対等」というのがいい。とても大事だ。

林田　行政とも対等だから、これから行政と市民とのパートナーシップといった時に、やりやすいと思う。

上原　だから行政の提案から始まった「三県フォーラム」あたりもうまくできたのだと思う。

織田　「ひと・まち」の助走があったから取り組めたし、そうでないとできなかったと思う。最初が滋賀県ということだったが、自信をもって取り組めたと思う。「パートナーシップ型でないとやらない」と事務局につめよったら「結構です」ということでスタートした。行政も結構覚悟のいることだったに違いない。あれはイベントに違いないが、支えている世界はこの「ひと・まち」と同じものだと感じた。今日テーマにしているネットワーク社会の広がりを検証したと思う。我々が求めてきたものに全国性というか、普遍性があったことが見えてきたと思う。

阿部　とくに第一回の草津市での三県フォーラムは印象深いものがあったな。最初ということもあったと思うけど。まち中の料理屋さんやうどん屋さんなど民間施設を会場にしたというのもよかった。

林田　あのときスタッフに参加してくれた人たちの中から、現在活発に動いている草津コミュニティ支援センターの中心人物が育ってきている。

上原　イベントから人が育ってきたというのはすばらしい。

大平　それとまち中の料理屋さんを使ってやろうという発想は行政からは出てこないと思う。

上原　民間側のパワーも大事だけれど、行政側が民間に任せた方がよいという判断ができることも大事だということを示してくれた好例だったともいえる。

織田　さきほどマスコミでは取り上げられなかったといったけど、今の話のように「ひと・まち」も五年経過し、行政や市民活動グループの間では評価されはじめている。そうするとどくに行政などは、ひとつの団体として「その代表の織田さん、出てきて」とのお誘いがくるようにもなった。でも、この組織は通常の団体とは違う。あくまで個人としての動きはできるけど、団体代表といった立ち回りはできない。世話役にすぎない幹事の、その代表であって、「ひと・まち」という会員組織の代表ではないという点が理解されないで困る。

阿部　そういう意味ではやはり「ひと・まち」はグループであって、団体では無いのだと思う。

上原　そのあたりは織田さんをはじめ、みんなもわきまえて動く必要があるということでしょう。

多くの団体、コミュニティ関係者にも読んで欲しい

大平　既存の団体には何十年も同じことをやっていて、活動がマンネリ化してしたり、組織に活力が無くなって悩んでいるところが多い。

林田　確かに既存団体はパワーダウンしている。長は頑張ろうとしているのだが、思うような動員が得られなくなってきているようだ。

大平　中には市民社会、ネットワーク型社会で新しい活動の仕方を模索しはじめている所もある。

織田　そのような団体にもこの本はぜひ読んでもらいたいな。それから自治会・町内会などコミュニティのあり方も問われはじめている。集団にとっての「個」のあり方は確かに大事だけれど、それでは済まないくらい「個」が育ってきてしまっている。「個」を強調すると抵抗する人もいるが、個人がいい意味で成長してくれれば、従来のような単純な図柄では動かなくなると思う。そのあたり、なまじわかっているリーダーは苦悶し、わかっていないリーダーは「世の中間違っている」で終わっているような気がする。

阿部　おそらくこれからはコミュニティだけで地域課題を解くのではなく、市民活動の力も得るとか、共にやるとかといったことが起こるんじゃないかな。

織田　滋賀県には約三二〇〇のコミュニティがあって、活性化しているところには、一年か二年で交替する会長や役員組織とは別に、ボランティアで継続的にまちづくりに取り組む「まちづくり委員会」的な組織を設けるところが増えてきていることなんかもヒントになりそうだ。

「ひと・まちネット滋賀」はこれからも自然体で

林田　それと、さきほどのパートナーシップ論でいえば、行政側も団体側もイベント等においてなんでも付き合うということではなしに、断るべき時ははっきりと断ることや、為すべき事を選択することもしていかないといけないと思う。意思をはっきりさせていった方がよい時代だと思う。また、淡海ネットワークセンターにアクセスしているグループは、行政との接点の求め方なり、期待の持ち方でもはっきりしている。おうみ市民活動屋台村などはパネルをつくって自分たちをアピールしているが、「ひと・まち」はそのようなことがない。屋台村に集まるグループがうらやましいところがあるな。

上原　それはそれらのグループは具体的なフィールドを持っているからでしょう。

林田　ですから、淡海ネットワークセンターや草津コミュニティ支援センターに集う人達は、「単なる緩やかなネットワークでいきましょう」では納まらない何かがあるのだと思う。「ひと・まち」は先ほどの総括で、これまでは目的を特化せず、ネットワークの面白さを頼って淡々と進めてきたからよかったとなっていたけど、これからもそれでいいのだろうか。

阿部　ストップ・フロン滋賀などもネットワーク型ですよね。でも政策づくりや事業にも取り組んでいるのだから、ネットワークでもいろいろなタイプがあるのだろうなと思う。目的・ミッションがしっかりとあるタイプならそれができる。

織田　これからも今のスタンスでいくのか。何か目的やミッションを持つのかということですね。僕は「ひと・まち」は何かの活動に絞るということではなく、ネットワークしていくことそのものがミッションなので、先に目的があってその達成手段としてネットワークを使うというものとは違

うのだろうと思う。
上原　それは「ひと・まち」が人と人の交流から生まれてきたという経緯があるので、ネットワークが目的化しているということでしょう。もし「ひと・まち」が無かったらと考えたらどうでしょう。やっぱり困るな。滋賀県内のどこで何が起こっていて、そのことを学びとる場が欲しいと思う。
林田　五年前、こういうものがあればと願っていたけど、他には無かった。だからつくり、満足した。今この時点でよく似たものがあるのなら、相対的に存在意義を再考すべきではないのかな。あってもいいけど、まとまっていくエネルギーは前よりは無くなると思う。
　ただいろいろのネットワークがあるけど、全県で幅広い対象でやっているという意味では「淡海ネットワークセンター」と「ひと・まち」になるんじゃないだろうか。この両者の違いってなんだろう。

織田　「ひと・まち」はゆるやかなネットワークで、個々の相談対応や支援をすることを目的ででてきた訳ではなく、またそのようなことはできない。しかし淡海ネットワークセンターは逆に、活動を発掘し、支援し、育んでいくのが前面に出て生まれてきたはずだと思う。そのことと同時にネットワークを押し上げていく。その意味での明快なミッションを持っている組織だと思う。

阿部　いわばネットワーク型サポートだ。つまり我々職員にそれほど情報やノウハウがある訳ではないので、現場の実践者同士を結びつけながら、お互いが学びあってもらうやり方が有効と考えて取り組んできたのだし、現に成功している。

織田　サポートセンターという言葉は引っ込んできたけど、僕は淡海ネットワークセンターはやはり市民活動を支援・育成することが大切だと思う。ネットワークの手法を借りると同時にネットワーク社会を創っていってもいる。「ひと・まち」がそれをやろうと思えば相当パワフルな、専従職員を有する事務局を持たないとできないし、社会的な信用の枠組みをつくらないといけない。「ひと・まち」がそこまでやる必要はないと思う。ある程度「公」が社会的責任としてやるべきことだろう。まさにそれが淡海ネットワークセンターであり、滋賀県は実にリーズナブルにできてきたのではないかと思う。ということで、両者の棲み分けはうまくできていると理解している。

阿部　五年経って会員が一〇〇人以上残ってるんやから、当面これまでの路線で進めていったらどうかな。

大平　組織はその時代の要請、集まっている人たちのニーズにより、絶えず変わっていく。必要なければ、消えていくし、必要なら自然に残っていくんではないやろか。いつ止めてもいいよ。やりたいならいつまでやるとかしこまるものでもないし。

織田　自然体だな。

大平　そこに一定の出入りがないと続かないと思う。

阿部　ミッションがないからだめというところもあれば、ないからいいという面もあるのだから、自然体でまかせよう。

フェース・トウ・フェース、プラス多様な情報手段を

林田　ところで交流というか、情報交流の手段は人と人が集まるとか、ニュースレターを出すとか、一番オーソドックスな方法をとってるよね。

阿部　僕は最初は何もしていなかったので、その面では「ひと・まち」に期待が大きく、いろいろ考えたけど、今はこの形が一番いいと思っている。ここでもうちょっとやれといわれたら、かえってしんどい。

林田　でもそのあたりは幹事と会員のスタンスは別かもしれない。

阿部　かもしれない。だからひとつの試みとして、最近インターネットを利用したメーリングリストを開設したでしょう。あれは投票もできるんです。例えばこれについてどう思いますかとかを尋ね、会員から回答を得ることができる。
織田　考えてみれば、今回の本づくりもひとつの大きな情報手段だな。
林田　何かまとまって活動しようということより、前に出した会員個人やグループの活動紹介をしたプロフィール集は好評だったね。
織田　あれはたいへんな仕事だった。
阿部　でもやはり会員サービスのひとつとして、ニュースレターは大事じゃないか。
大平　交流会の様子をしっかりと伝え、できるだけ参加してもらうようにする手だてでもあるわけだし。
織田　魅力的なニュースレターづくりも続けなけりゃね。この本づくりで原稿依頼、催促している感じで会員に書いてもらえるようにしていこう。ということで、やはり基本はフェース・トウ・フェースを大事にし、加えて多様な情報手段にチャレンジしていくということかな。

NPOの組織論をめぐって

織田　ところでこの種のネットはＮＰＯ法人にはならないのだろうか。

上原　それは大きな話になる。

阿部　サポート機能を持つとか、政策研究・提言するような民間組織をめざすならありうるだろう。

林田　可能性としてはあると思う。何かプランを策定する時に市はコンサルタントに委託する。市民側も代替案を出したいがそうはいかない。市民側には経費がない。まあ対等なことまではできないまでも、要望をもう少し専門的にまとめるようなお手伝いはできるのではないか。「ひと・まち」が助けてみるというわけだ。

織田　もっと具体的に言えば、ある町から地域活性化についての診断と提言が欲しいという話がきたとしたら、「ひと・まち」として応えるべきかどうかといったことについてはどうだろう。僕は受けてもいいんじゃないかと思っている。地域課題を解くサービスがあってもいいのではないかと。

阿部　アメリカあたりでは、まさに政策立案支援のＮＰＯはあるようだ。

林田　でも最初からそれを掲げてやるのかどうかだ。何度も話が出ているように、これも自然体でいつの間にか「ひと・まち」の中から数名でチームを組んで、そんな相談に応えているといった感じがいいんじゃないか。自分たちも勉強だからできるのではないか。そんな事例をこなしているうちに、五年後にまた何かが見えてきたということとなるんじゃないかな。

上原　勉強としてやるならいいけど、コンサルタント業となるとちょっとね。事務局維持のために悪循環に陥る恐れもあるし。

織田　もちろん勉強としてなんだけど。ただ事務局を預かってきた僕としては、もう少し活動を安定させるとともにちょっぴり充実させたいなとの思いがあって。

阿部　本格的な事業型団体じゃなく、最低限の事務局経費創出レベルで抑えられるなら、いいんじゃないか。

織田　ＮＰＯ活動のイメージの範囲で、事業的要素と事務局体制充実の面であるいはと思って言ってみたまでで、まあ、これは今後の課題として、みんなで話し合っていきましょうか。

上原　とはいえ、織田さんに全面依拠している事務局がたいへんなのは事実。これからもみんなで考え、工夫し続けましょう。

織田　この本を通じて、会員はもちろん多くの人達から、反響が届くといいですね。今日は「ひと・まち」のこれまでの総括と今後を探りながら、ネットワーク社会のゆくえも掴みかけたと思います。ありがとうございました。

（二〇〇〇年、一月三一日開催の記録）

執筆者プロフィール

◎交流会講師

青山　菖子・あおやま　まさこ

一九四八年生まれ。東海道の島田宿で旅籠（ハタゴ）を代々していた家の娘です。潜在的なものか、町歩きでの様々な出会いが大好きなオバサン！　大津の町家を考える会・坂本あるき隊代表。

秋山　廣光・あきやま　ひろみつ

一九五二年生まれ。静岡市育ち。昭和四九年に大津入り。琵琶湖の淡水魚の多さに圧倒される。以後、琵琶湖文化館から琵琶湖博物館へと魚と共に行動。休日は、滋賀の淡水生物調査グループ「ｎｅｔｓ」と共に満喫中。

石本登喜子・いしもと　ときこ

一九四三年生まれ。農村女性活動グループで活動。むらおこし活動に所属して、まちづくり提言活動を続けている。

今西　仁・いまにし　ひとし

一九四七年生まれ。地域研究会を発足し、まちづくりの活動を続け、ガリバーアクティブ'95を発足。「びれっじ」をオープンさせた。

牛谷　正人・うしたに　まさと

一九六〇年、兵庫県生まれ。滋賀に来て一二年になる。三年周期で職場が変わってきたが支援センターで五年目を迎え、少し落ち着きそうです。

笠川　雄司・かさがわ　ゆうじ

一九五三年生まれ。ナカマチを「心のいやされる街」にしていきたい。

杉本　洋子・すぎもと　ようこ

一九四九年生まれ。一九九八年に現代美術展『アーケードアーツ in 中町』を開催。「商店街と現代アート」を出版。アーケードアーツの会代表。

佐藤　真・さとう　まこと

一九五七年生まれ。たまに映画を作る。「阿賀に生きる」「まひるのほし」。著作「日常という名の鏡」近著に「ドキュメンタリーの地平」

澤本　長久・さわもと　ながひさ

元朽木村むらおこし公社理事長、元朽木村助役として朽木村のむらおこしに取り組んだ。

三山　元暎・みやま　もとあき

一九四〇年生まれ。山東町長。地域の光を再発見し、住民と行政が一緒になって美しいひと・まち・くらしの山東づくりを推進したい。

山本　徳次・やまもと　とくじ

一九四〇年生まれ。㈱たねや代表取締役。お菓子を通じて日本の伝統文化を伝えることを喜びとする。経営理念は天平道・黄熟行《あきない》・商魂。

米田　康男・よねだ　やすお

一九四二年生まれ。一七歳から登山を始め、四五歳で北米のマッキンレーに、五六歳でニュージーランドのマウント・クックに登る。こだわりの趣味は『まわりの人の笑顔が見たい』

◎会員

赤澤 一壽・あかざわ かずひさ

一九三一年生まれ。「萌芽更新」。新聞記者三五年の幹を伐り、いま市民活動、自然の保全、里山再生の新しい芽を伸ばしつつ熟年の生きがい発見を率先しています。

阿部 圭宏・あべ よしひろ

一九五八年生まれ。NPO政策研究所など、県内外の市民活動にも関わり、ネットワークを構築中。淡海ネットワークセンター勤務。

井口 貢・いぐち みつぐ

一九五六年生まれ。後半生は郷里の淡海に居を定め、京滋地区の文化行政、文化政策を見つめて、研究と教育に尽力したい。

岩根 順子・いわね じゅんこ

一九四八年生まれ。サンライズ印刷㈱代表取締役。「淡海文庫」をはじめ、出版を通じて滋賀から全国への文化発信を行っている。近江商人調査はライフワーク。

上原 一次・うえはら いちじ

一九三二年生まれ。淡海村づくり塾の専任アドバイザーとして八年間農村地域の村づくりに参画。現在石山ネイチャー倶楽部に所属。

上原 恵美・うえはら えみ

自治、まちづくり、女性のエンパワーメント、芸術文化の社会的位置の確立などに関心をもって、ネットワーキングしています。

臼坂登世美・うすさか とよみ

一九四九年、滋賀県生まれ。女性ボランティアグループアクト21企画事務局長。湖西の小さなまちから元気文化を発信し続ける。

大平　正道・おおひら　まさみち

家具店経営、インテリアコーディネーター、滋賀文化短大非常勤講師。風の人と土の人が交ざり合う、そんな心豊かなネットワークの中からゆっくりと自然体の「あたりまえ」のまちづくりを目指したい。

奥野　修・おくの　おさむ

一九六一年大阪生まれ。㈶滋賀総合研究所主任研究員。琵琶湖に召された一人として滋賀のまちづくりに関わることに喜びを感じる。

織田　直文・おだ　なおふみ

一九五二年生まれ。滋賀文化短期大学教授。ひと・まちネット滋賀代表幹事。専門は「まちづくり」。本書の企画・編集を担当。

金井　萬造・かない　まんぞう

一九四三年生まれ。㈱地域計画建築研究所代表取締役社長。各地の地域塾や国際草の根交流に参加し、地域の人と活性化に取り組む。

北川　憲司・きたがわ　けんじ

一九四八年生まれ。ネットワーク力を活かし高齢者、障害者、環境、文化教育問題などに関わる団塊世代の一人。滋賀地方自治研究センター常務理事。

古池　嘉和・こいけ　よしかず

湖北・湖東地域の活動拠点として、近江鉄道鳥居本駅にまちづくり交流サロンを開設しました。皆さん是非遊びに来て下さい。

小西　光代・こにし　みつよ

一九五五年生まれ。手弁当の仲間でつくる地域情報誌『み〜な　びわ湖から』編集人。フットワークの軽い（できれば若い）人、熱烈歓迎!!

笹谷　康之・ささたに　やすゆき

一九五七年生まれ。立命館大学理工学部土木工学科助教授。専門は景観計画。ただし現在は、実質的な市民参加のまちづくりやしくみづくりと、地域情報化の仕事が中心である。

澤　孝彦・さわ　たかひこ

一九五三年に生まれてから、ずっと高島町で暮らしています。私の人生、オール高島という感じです。だから、人とのネットワークづくりを大切にしたいと思っています。ネットワーク元気人に憧れます。

杉原　正樹・すぎはら　まさき

編集工房㈲北風寫眞館あるじ。DADAジャーナル編集人。「何もしないためには、とにかくいっぱいの努力と最善をつくさなくては」。動物占い表も裏も「羊」です。

鈴木　五一・すずき　いつかず

一九五一年生まれ。滋賀県庁職員。日本を含めたアジアに関心をもっています。環境と食の研究会の活動を通じて、新しい環境文化の姿を探っています。

高木　茂子・たかぎ　しげこ

企画・デザイン会社を経営。グラフィックデザイナー。近江八幡が好きで、自ら出来る町づくりのお手伝いをすることを楽しんでいます。瓦版仄仄通信の読者を募集中。

谷口　浩志・たにぐち　ひろし

一九五六年二月生まれ。滋賀文化短期大学非常勤講師。地域づくりで、「たかしま六郷塾」や「マキノ自然観察倶楽部」等で活動中。生活と環境が現在のテーマ。

津田　敏之・つだ　としゆき

一九五七年生まれ。大学の青空キャンパスでバンジョーを習得し、帰郷後、ブルーグラス音楽とまちづくりをライフワークに活動中。

寺田　智次・てらだ　ともつぐ

一九五二年生まれ、AB型。幼い時から落ち着きに欠け、いわゆるチョカ。大津市役所では、少年自然の家、観光や百周年イベント、G8など担当。

寺村　邦子・てらむら　くにこ
ピアノ指導者賞受賞。子育て支援事業の講師。生涯学習フェスティバルの演奏でギネスブック認定。明朗活発、いつも心に音楽を!!

中村真奈美・なかむら　まなみ
一九六〇年誕生。青少年育成アドバイザー。まちづくりの原点は女性の力と、郷土を愛する子ども達を育てること!!　アクト21企画所属。

西川実佐子・にしかわ　みさこ
一九五八年生まれ。充電期間と自ら称し長い間黙っていたけれど、どうも過充電気味。少し放電せねば。

野口　陽・のぐち　ひろし
一九四二年大阪出身。一九六八年から大津在住。一九八〇年来、青少年健全育成活動に関わり現在に至る。活動の展開は常に弱者貧者の視点から。

秦　憲志・はた　かずゆき
一九五九年生まれ。㈶滋賀総合研究所主任研究員。ＮＰＯ法人一粒の会や文化の見えるまちづくりネットワークなどに参画し、活躍中。

林田　久充・はやしだ　ひさみつ
一九五三年生まれ。くさつさく倶楽部、芦浦観音寺観光観風ネットワーク、エルダーホステル琵琶湖講座実行委員会等に所属し、行政と市民の政策形成のシステム化を模索。

林沼　敏弘・はやしぬま　としひろ
一九五三年生まれ。草津市役所職員。同志社大学大学院総合政策科学研究科博士課程（後期課程）に在籍中。

東野　昌子・ひがしの　まさこ
一九三七年生まれ。おやこ劇場の活動の中で、生の舞台に見入る子どもたちの目の輝きに魅せられて二七年。これからのまちづくりに生かしたい。

古田　篤司・ふるた　あつし

一九七一年生まれ。㈳岩泉町産業開発公社、㈱ＣＯＭ計画研究所、同志社大学大学院総合政策科学研究科などを経て、現在㈵新開地まちづくりＮＰＯ専従職員。

宮治　正男・みやじ　まさお

一九五一年生まれ。甲西町職員。一九九三年より町の民芸下田焼の再興担当。これを軸にまちづくりを展開。ケナフの環境学習普及中。

森川　稔・もりかわ　みのる

一九五一年生まれ。㈱アーバンスタディ研究所代表取締役。趣味演劇。年に一回、舞台に立つことを目標に、稽古に励んでいます。

山口　繁雄・やまぐち　しげお

一九四六年生まれ。地域計画建築研究所京都事務所長。市町村のまちづくりや農村の活性化、県域を超えた広域交流圏の形成等に取り組んでいる。

山添　善裕・やまぞえ　よしひろ

一九五八年生まれ。一九七八年京都芸術短期大学卒業。地元少年野球チームを一〇年間指導。平成一二年野洲町まちづくり白書に提言。

山田　実・やまだ　みのる

一九五一年生まれ。ザ・グローバル・シンク代表。滋賀県環境生協の「琵琶湖発！エコナビゲーター」のウェブ・マスター。

「ひと・まちネット滋賀」とは

滋賀県を舞台に地域で活動をしている個人やグループが、情報交換や助け合う場を求め、平成７年６月に発足させたネットワークグループ。現在、会員は120名。

事務局　〒523－0893
滋賀県近江八幡市桜宮町207－3　K&Sビル３階
TEL・FAX：0748－33－5576
Eメール：hito－mns@mx. biwa. ne. jp

我らネットワーク元気人

2000年９月30日　印刷
2000年10月10日　発行

編　者　ひと・まちネット滋賀

発行人　岩　根　順　子

発行所　サンライズ出版
〒522-0004　滋賀県彦根市鳥居本町655-1
TEL. 0749-22-0627　FAX. 0749-23-7720

ISBN4-88325-075-X　C0036

定価　1300円＋税